Mosaik bei
GOLDMANN

Buch

Stil, Charme und Etikette – das ist das Rüstzeug, das frau sowohl für ein harmonisches Privatleben als auch für eine erfolgreiche Karriere im 21. Jahrhundert braucht. Denn Benimm ist wieder in, und wer die Grundregeln der Etikette beherrscht, hat mehr Erfolg im Job und im Privatleben. Benimm-Expertin Birgit Adam macht fit für alle Lebenslagen: von der Wahl der Kleidung über die Begrüßung, das Duzen und das Siezen, den Umgang mit Kollegen und Vorgesetzten, das richtige Schreiben von E-Mails, dem gepflegten Smalltalk bis hin zum angemessenen Verhalten bei Einladungen und Betriebsfesten. Doch auch im Privatleben gilt es, sich richtig zu benehmen: Welche Regeln gelten beim Flirten, wer bezahlt beim ersten Date und wie geht man stilsicher auf Reisen?

Autorin

Birgit Adam hat Englische Literaturwissenschaft und Kommunikationswissenschaft studiert und arbeitet seit mehreren Jahren als Sachbuch-Autorin, Redakteurin und Übersetzerin. Sie lebt in Augsburg.

Birgit Adam

Knigge für moderne Frauen

Weiblich, stilvoll, souverän
in Job und Privatleben

Mosaik bei
GOLDMANN

FSC

Mix

Produktgruppe aus vorbildlich
bewirtschafteten Wäldern und
anderen kontrollierten Herkünften

Zert.-Nr. SGS-COC-1940
www.fsc.org
© 1996 Forest Stewardship Council

Verlagsgruppe Random House FSC-DEU-0100
Das für dieses Buch verwendete FSC-zertifizierte Papier *Munken Print*
liefert Arctic Paper Munkedals AB, Schweden.

1. Auflage
Vollständige Taschenbuchausgabe Januar 2009
Wilhelm Goldmann Verlag, München,
in der Verlagsgruppe Random House GmbH
© 2006 by Südwest Verlag, in der Verlagsgruppe Random House
GmbH, München
Umschlaggestaltung: Design Team München
Umschlagmotiv: Getty Images/Imagezoo
Lektorat: Berliner Buchwerkstatt, Andreas Kobschätzky
Satz: Buch-Werkstatt GmbH, Bad Aibling
Druck und Bindung: GGP Media GmbH, Pößneck
MV · Herstellung: IH
Printed in Germany
ISBN 978-3-442-17054-8

www.mosaik-goldmann.de

Inhalt

Vorwort 9

Der Job-Knigge 11
Bewerbung und Vorstellungsgespräch 11
   Die Bewerbungsunterlagen als Visitenkarte 12
   Das Vorstellungsgespräch 16
Dressed for Success: Die Wahl der Kleidung 20
   Die Grundausstattung:
   Das gehört in Ihren Kleiderschrank 22
   Haare, Make-up und Duftnote 25
   Die richtige Körperhaltung 27
Der Umgang mit Kollegen und Vorgesetzten 28
   Die »Neue« in der Firma 29
   Du oder Sie? 32
   Grüßen und Begrüßen 34
   Wie privat soll mein Arbeitsplatz werden? 37
   Liebe am Arbeitsplatz 42
   Betriebsausflüge, Weihnachtsfeiern
   und andere »Problemzonen« 44
   Der Termin beim Vorgesetzten 47
   Dicke Luft am Arbeitsplatz 48

Besucher empfangen 50

Der Besuch trifft ein 50

Wer hat den Vortritt? 51

Ein Rundgang durch die Firma 53

Die Verabschiedung 54

Das Geschäftsessen 54

Der Umgang mit Visitenkarten 55

Gleichberechtigung am Arbeitsplatz 57

Der gute Ton im Privatleben 61

Höflichkeit und Pünktlichkeit 61

Wie pünktlich ist pünktlich? 63

Flirt und andere zwischenmenschliche Beziehungen . 64

Das Date 65

Schmetterlinge im Bauch 67

Die liebe Familie: Schwiegermütter,
Kinder und andere Verwandte 67

Die lieben Kleinen 69

Auf ein gutes Zusammenleben: Die Nachbarn 69

Bello, Mieze & Co. 72

Was tun im Konfliktfall? 73

In der Öffentlichkeit 73

Im Supermarkt und in anderen Geschäften 74

Theater, Kino & Co. 75

Im Wartezimmer 77

Im Straßenverkehr 78

Der Krankenbesuch 79

Smalltalk am Krankenbett 80

Taktgefühl im Trauerfall 81

Kommunikation mit Stil 86

Anrede und Begrüßung 86

Die richtige Begrüßung 90

Vorstellen und Bekanntmachen 92

Du oder Sie? 92

Die Kunst des kleinen Gesprächs: Smalltalk 93

Der richtige Ton am Telefon 95

Wenn Sie jemanden anrufen 96

Wenn Sie angerufen werden 97

Der Anrufbeantworter 98

Und ewig klingelt das Handy 99

Briefe und Faxe 101

E-Mail – eine zwanglose Kommunikationsform? 102

Einladungen und Restaurantbesuche 107

Die perfekte Gastgeberin 107

Die Form der Einladung 108

Der gedeckte Tisch 110

Ist der Gast immer König? 111

Der stilsichere Gast 112

Gastgeschenke 113

Gratulationen und Danksagungen 115

Die Nudel am Kinn und andere Peinlichkeiten 116

Reklamieren – aber richtig! 118

Das richtige Verhalten im Restaurant 119

Fünf goldene Regeln für den perfekten Gast

im Restaurant 121

Tischmanieren und Esskultur 122

Haltung und Verhalten 123

Die Tischordnung 124
Wie isst man das? Der Umgang mit
»schwierigen« Speisen 126
Die Kleiderordnung 132
Das Tischgespräch 133
Rauchen bei Tisch 134
Trinkgeld 135

Stilsicher auf Reisen: Der Auslands-Knigge 138
Die richtige Vorbereitung 138
Unterwegs mit Taxi, Flugzeug oder Bahn 143
   Reisen im Flugzeug 143
   Reisen in öffentlichen Verkehrsmitteln 146
Der gern gesehene Gast im Hotel 148
Der Umgang mit Einheimischen 150
Unterwegs in fernen Ländern 153
   Großbritannien 154
   Frankreich 156
   Italien 157
   Spanien 159
   USA 159
   Islamische Länder 162
   Asien 164
   Australien 168

Register 171

Vorwort

Liebe Leserin,

bestimmt haben Sie es schon gehört: Benimm ist wieder in! Wer die Grundregeln der Etikette beherrscht, hat mehr Erfolg im Leben und im Beruf. Doch leider ist es bei vielen Menschen – auch bei Frauen – mit der guten Kinderstube nicht mehr allzu weit her, weil die Grenzen verwischen und Verwirrung eingezogen ist. Was gehört auch heute noch zum guten Ton, und was ist längst überholt? Dies ist nicht immer einfach zu sagen.

Und als ob all das nicht schon kompliziert genug wäre, haben Frauen noch mit zusätzlichen Hürden zu kämpfen. Zum einen werden ihnen Benimm-Sünden nach wie vor nicht so leicht verziehen wie Männern, und zum anderen haben viele selbstbewusste moderne Frauen Probleme mit den etablierten Benimmregeln – wir können unseren Mantel schließlich selbst anziehen, und warum sollten wir ein Restaurant nicht als Erste betreten dürfen? Doch so verwirrend die Regeln der Etikette manchmal auch sind, es besteht Hoffnung, denn gute Umgangsformen kann man lernen – und man muss dabei keineswegs den eigenen Charakter verbiegen.

Von der Wahl der Kleidung über das Duzen und Siezen, den Umgang mit Kollegen und Vorgesetzten, stilvolle Kommunikation bis hin zum angemessenen Verhalten bei Einladungen und Betriebsfesten – darauf kommt es im Berufsleben an. Doch auch im Privatleben warten jede Menge Fallstricke und Fettnäpfchen auf uns: Wie geht man mit schwierigen Nachbarn um, wie verhält man sich in der Öffentlichkeit, im Wartezimmer des Arztes, auf Krankenbesuch oder im Restaurant? Wie isst man komplizierte Speisen? Wie wahrt man Taktgefühl im Trauerfall? Nicht zu unterschätzen ist auch das richtige Benehmen im Ausland. Bei Reisen in fremde Länder müssen Frauen damit rechnen, dass sie nicht in allen Kulturen denselben Stellenwert genießen wie bei uns. Dies kann bei Geschäfts- wie auch bei Urlaubsreisen zu Problemen führen.

All dies und noch viel mehr vermittelt dieser Knigge. Hier werden Frauen fit für das gesellschaftliche Leben, für Beruf und Karriere gemacht.

Viel Spaß beim Lesen wünscht Ihnen
Birgit Adam

Der Job-Knigge

Mit Stil und Etikette zum Erfolg: Dieses Kapitel zeigt, worauf Sie im Berufsleben achten müssen.

Manieren machen Karriere. Wer im Berufsleben die passenden Umgangsformen beherrscht, zeigt soziale Kompetenz, einen der wichtigen sogenannten Soft-skills. Gerade in Zeiten, in denen ein Arbeitgeber unter Dutzenden von hoch qualifizierten Bewerbern wählen kann, macht stilsicheres Auftreten den kleinen, aber entscheidenden Unterschied – ob bei der Bewerbung, im Vorstellungsgespräch, im Umgang mit Kollegen und Vorgesetzten oder in Bezug auf Ihr äußeres Erscheinungsbild.

Bewerbung und Vorstellungsgespräch

Den ersten Kontakt zu Ihrem zukünftigen Arbeitgeber stellen Sie über Ihre Bewerbungsunterlagen und das Vorstellungsgespräch her. Wer bereits hier unangenehm auffällt, katapultiert sich meist direkt ins Aus und bekommt in der Regel auch keine zweite Chance. Allerdings soll an dieser Stelle nicht erläutert werden, wie die optimale Bewerbung aussieht und welche Hürden und Fallstricke im Vorstellungsgespräch auf Sie warten – dafür gibt es genug hervorragende Bewerbungsratgeber. Stattdessen erfahren Sie hier, wie Sie durch gutes Benehmen und Stilsicherheit zusätzlich beeindrucken können.

Wer die neue Rechtschreibung nicht ganz sicher beherrscht, sollte seine Unterlagen gegenlesen lassen – am besten natürlich von jemandem, der sprachlich fit ist.

Die Bewerbungsunterlagen als Visitenkarte

Ihre Qualifikationen können noch so beeindruckend sein und Sie können noch so viel Erfahrung mitbringen – wenn es in Ihrem Bewerbungsschreiben vor Rechtschreibfehlern nur so wimmelt oder die Unterlagen in einer schmuddeligen Hülle stecken, ist meist schon alles aus. Achten Sie daher neben dem Inhalt auch stets auf die äußere Form Ihrer Bewerbungsunterlagen, denn Ihre Bewerbungsmappe ist in diesem Fall Ihre Visitenkarte.

Wir alle wissen, dass es heutzutage nicht einfach ist, einen Job zu finden, und man daher oft Dutzende von Bewerbungen verschicken muss, bevor man vielleicht zu einem Vorstellungsgespräch eingeladen wird. Das ist nicht nur frustrierend, sondern kann auch ganz schön ins Geld gehen. Trotzdem sollten Sie nicht jedes Mal dieselben Zeugniskopien verschicken, denn man wird ihnen mit der Zeit ansehen, dass sie bereits öfter durchgeblättert wurden – von Eselsohren oder Flecken einmal ganz zu schweigen. Auch Ihre Bewerbungsmappen sollten Sie gründlich überprüfen, bevor Sie sie ein zweites oder gar drittes Mal verwenden.

In Ihren Bewerbungsunterlagen haben Sie Ihre Telefon- und Handynummer sowie Ihre E-Mail-Adresse angegeben. Was jedoch erwartet Ihren potenziellen Arbeitgeber, wenn er diese Nummern anruft? Ein flippiger Spruch auf dem Anrufbeantworter oder ein Chart-Hit statt des normalen Freizeichens? Besprechen Sie – zumindest für die Dauer Ihrer Bewerbungsphase – Ihren Anrufbeantworter mit einem seriösen Text, und nennen Sie Ihren Vor und Nachnamen, nicht nur die Rufnummer. Dasselbe gilt für die Mailbox Ihres Handys. Auch die E-Mail-Adresse sagt mehr über Sie aus, als Sie vielleicht denken. Am seriösesten wirkt es, wenn die Adresse ganz einfach aus Ihrem Vor- und Nachnamen besteht. Wer sich dagegen »Sexbombe« oder »Pippi Langstrumpf« nennt, erweckt leicht einen falschen Eindruck. Falls Sie eine solche E-Mail-Adresse benutzen, sollten Sie sich für Ihre Bewerbung eine neue Adresse einrichten – bei web.de, hotmail.com oder gmx.de geht dies einfach und unkompliziert. Was aber, wenn Sie nun Sabine Schmidt heißen und alle Kombinationen aus Vor- und Nachnamen bereits vergeben sind? Dann setzen Sie einfach Postleitzahl, Geburtstag oder Wohnort hintendran – irgendetwas wird schon noch frei sein!

In Deutschland ist ein Foto immer noch fester Bestandteil der Bewerbungsunterlagen. Und leider passiert es häufig, dass Personalchefs dem Foto mehr Beachtung schenken als den Arbeitszeugnissen oder dem Lebenslauf. Im Klartext heißt das: Mit Ihrem Bewerbungsfoto sollten Sie stets einen guten ersten Eindruck vermitteln, und das geht nicht mit einem Bikinifoto aus dem letzten Strandurlaub. Grundsätzlich sollte das Foto nicht zu privat, aber auch nicht zu förmlich sein. Mit anderen Worten: Man sollte Sie auf dem Bild noch erkennen können. Tragen Sie auf dem Foto am besten die Art Kleidung, die auch in Ihrem späteren Job erwünscht ist, also in der Regel ein klassisches Business-Outfit. Ein kleiner Trost für alle diejenigen, die meinen, nicht ganz so fotogen zu sein: Die meisten Fotostudios fotografieren heute digital, so dass Sie mehrere Versuche haben, bevor Sie sich für ein Motiv entscheiden müssen. In der Regel bekommen Sie gegen einen kleinen Aufpreis das Bild auf Diskette oder CD mit nach Hause, so dass Sie es zukünftig selbst an Ihrem Computer ausdrucken können.

Bewerbungsfotos sind meist etwas größer als Passfotos. Auch Schwarz-Weiß-Aufnahmen können aussagekräftig sein.

Wenn in einer Stellenanzeige eine E-Mail-Adresse angegeben ist, können Sie sich auch per E-Mail bewerben. Hier gelten dieselben Regeln wie für die »normale« Bewerbung – das heißt, Ihr Anschreiben muss hinsichtlich Rechtschreibung, Zeichensetzung und Grammatik einwandfrei sein.

Besondere Sorgfalt ist bei den Anlagen angebracht. Speichern Sie diese in einem Format ab, das auf allen Rechnern lesbar ist, und versenden Sie keine allzu umfangreichen Dateien. Ihre kompletten Unterlagen können Sie gegebenenfalls immer noch per Post nachreichen.

Und noch ein Wörtchen zum Inhalt der Bewerbungsunterlagen: Frauen können sich leider oft schlechter verkaufen als Männer und neigen dazu, ihr Licht unter den Scheffel zu stellen. Während Männer schon glauben, fließend Englisch zu sprechen, wenn sie irgendwann einmal einen Englisch-Grundkurs absolviert haben, bilden Frauen sich ein, mindestens ein Jahr lang in den USA gelebt haben zu müssen, um diese Voraussetzung zu erfüllen. Schätzen Sie Ihre Fähigkeiten realistisch ein, und fragen Sie Freundinnen, die Sie gut kennen, wie diese Ihre Kenntnisse beurteilen. Selbst wenn Sie ein paar Jahre Babypause eingelegt haben, waren Sie deshalb noch lange nicht untätig. Sie haben während dieser Zeit schließlich ein kleines Familienunternehmen gemanagt, oder etwa nicht?

Punkten Sie bei Ihren Bewerbungsunterlagen und im Vorstellungsgespräch nicht nur mit Ihren Qualifikationen und Ihrer Erfahrung, sondern auch mit Ihrem Benehmen.

Das Vorstellungsgespräch

Wenn Sie zu einem Vorstellungsgespräch eingeladen werden, so haben Sie die erste Hürde auf dem Weg zum neuen Job gemeistert. Sie haben nämlich mit Ihren Bewerbungsunterlagen Ihren potenziellen Arbeitgeber immerhin so stark beeindruckt, dass er Sie näher kennenlernen möchte. Nun sollten Sie ihn nicht enttäuschen, sondern diesen guten ersten Eindruck auch bestätigen.

Dazu gehört vor allem, dass Sie zum Vorstellungsgespräch pünktlich erscheinen. Wer unpünktlich ist und andere warten lässt, verschwendet deren Zeit, und das sieht niemand gerne. Fahren Sie deshalb den Weg zu Ihrem potenziellen Arbeitgeber am Tag vor dem Vorstellungsgespräch schon einmal ab, und zwar ungefähr zu der Zeit, zu der auch das Vorstellungsgespräch stattfinden wird. So wissen Sie genau, wie lange Sie brauchen werden und ob sich auf dem Weg vielleicht eine Baustelle befindet. Versuchen Sie, etwa zehn Minuten vor dem Gespräch im Unternehmen einzutreffen. So haben Sie Zeit, um noch einmal tief durchzuatmen und Ihre Kleidung zu überprüfen.

Doch wie sieht es aus, wenn Sie deutlich zu früh dran sind? Sie bringen Ihren potenziellen Arbeitgeber damit ein wenig in Verlegenheit, denn schließlich muss er Sie jetzt irgendwie beschäftigen. Falls Sie also wirklich unerwartet früh eintreffen, drehen Sie lieber noch eine kleine Runde an der frischen Luft oder setzen Sie sich ins Café. Zehn Minuten vor dem Gespräch können Sie sich dann guten Gewissens in die Firma begeben.

Und was, wenn wirklich alles schief geht? Schließlich können Dinge passieren, die nun ganz und gar nicht in Ihrer Macht stehen, zum Beispiel wenn eine S-Bahn ausfällt oder ein Zug unerwartet für längere Zeit mitten auf den Gleisen stehen bleibt. Wenn Sie absehen können, dass Sie den Termin auf keinen Fall einhalten können, so geben Sie Ihrem Gesprächspartner so schnell wie möglich Bescheid. Sie können nur hoffen, dass dieser Ihnen einen neuen Termin anbietet – doch müssen Sie leider auch damit rechnen, dass er Ihre Verspätung zu Ihren Ungunsten wertet.

Neben der Pünktlichkeit gibt es aber noch einen weiteren Faktor, der den ersten Eindruck, den Sie bei Ihrem potenziellen Arbeitgeber hinterlassen, entscheidend bestimmt: Ihre Kleidung. Informieren Sie sich vor dem Bewerbungsgespräch, was in dieser Branche üblich ist. Im Normalfall liegen Sie jedoch mit einem klassischen Business-Outfit, wie es im folgenden Kapitel beschrieben wird, immer richtig. Als Berufsanfängerin müssen Sie sich dieses Outfit vielleicht erst noch zusammenstellen und sind mit den Kosten zunächst ein wenig überfordert. Machen Sie sich aber bewusst, dass sich diese Investition auszahlt – Sie werden den Hosenanzug oder das Kostüm sicher auch später im Berufsleben noch brauchen können. Achten Sie darauf, dass Ihre Kleidung gut sitzt und nicht zwickt oder kratzt, damit Sie sich im Vorstellungsgespräch auch wohlfühlen. Sie werden wahrscheinlich sowieso ein wenig nervös sein und können keinen zusätzlichen Stress gebrauchen! Neue Schuhe sollten Sie vorher einlaufen, sonst holen Sie sich am Ende noch eine Blase und humpeln in das Büro Ihres potenziellen Arbeitgebers.

Im Gespräch selbst überzeugen Sie mit fachlicher Kompetenz sowie Interesse am Job und am Unternehmen.

Als Frau müssen Sie in einem Vorstellungsgespräch auch mit der unangenehmen Frage rechnen, wie es denn mit Ihrer Familienplanung aussieht. Diese Frage ist zwar eigentlich nicht zulässig, und niemand muss darauf wahrheitsgemäß antworten, doch wie soll man reagieren? Die Antwort »Tut mir leid, diese Frage ist unzulässig, und deshalb sage ich dazu nichts« wäre eigentlich die angemessene Reaktion, doch wirkt sie aufmüpfig und unhöflich, und diesen Eindruck will man in einem Vorstellungsgespräch nun wirklich nicht von sich vermitteln. Was also tun? Sie dürfen sich hier ruhig mit einer kleinen Schwindelei aus der Affäre ziehen. Wichtig ist, dass Sie eine Antwort parat haben und nicht erst lange überlegen müssen oder gar zu stottern beginnen. »Mein Partner und ich wollen uns die nächsten Jahre erst einmal auf unsere Karrieren konzentrieren«, könnte Ihre Antwort zum Beispiel lauten. Wenn Sie ein Jahr später dann trotzdem schwanger werden, kann man Ihnen deshalb nicht kündigen – Sie müssen es ja nicht absichtlich getan haben. Weitere Punkte, die Ihren zukünftigen Chef in der Regel nichts angehen, sind Ihre privaten Lebensumstände, Ihre Konfession oder

Verhaltenstipps für das Bewerbungsgespräch

- Warten Sie, bis Ihr Gesprächspartner Sie bittet, den Raum zu betreten.
- Dasselbe gilt für das Hinsetzen. Nehmen Sie erst Platz, wenn Ihnen dies angeboten wird. Und lümmeln Sie sich dann nicht in Ihren Sitz, sondern setzen Sie sich aufrecht, aber nicht stocksteif hin. Halten Sie Ihre Knie stets zusammen. Sie können die Beine auch übereinander schlagen, aber nicht verknoten.
- Die Hände liegen locker im Schoß, wenn Sie sie nicht gerade benötigen, um sich Notizen zu machen oder eine Aussage mit einer knappen Geste zu unterstreichen.
- Bei der Begrüßung warten Sie, bis Ihnen der Gesprächspartner von sich aus die Hand anbietet.
- Spricht der Gesprächspartner Sie nicht mit Ihrem Namen an, so stellen Sie sich noch einmal vor. Ein kurzes »Birgit Adam, guten Tag« genügt hier.
- In der Regel wird man Ihnen etwas zu trinken anbieten. Wählen Sie Kaffee oder Wasser, keinesfalls ein alkoholisches Getränk. Es kann passieren, dass man Ihnen dies gezielt anbietet, um sie zu testen – wer ja sagt, hat leider verloren.
- Dasselbe gilt für das Rauchen. Auch wenn Ihr Gesprächspartner selbst raucht, sollten Sie es ihm keinesfalls nachtun – auch nicht, wenn Sie vorher fragen.
- Ihr Mobiltelefon haben Sie vor dem Gespräch ausge-

schaltet, selbst wenn Sie auf einen wichtigen Anruf des Konkurrenzunternehmens warten.

- Versuchen Sie, das richtige Maß bei Ihren Antworten zu finden. Schließlich möchten Sie weder als »maulfaul« noch als »Plaudertasche« erscheinen. Achten Sie hierbei auch auf die nonverbalen Signale Ihres Gesprächspartners.

- Verwenden Sie im Gespräch öfter den Namen Ihres Gesprächspartners, denn dadurch wird sich dieser geschmeichelt fühlen. Allerdings nicht in jeder Antwort, das wiederum wirkt anbiedernd.

- Halten Sie Blickkontakt zu Ihrem Gesprächspartner. Haben Sie es mit mehreren Personen zu tun, so beziehen Sie alle mit in das Gespräch ein, auch wenn nur einer die Fragen stellt.

Glaubenszugehörigkeit, Ihre politische Überzeugung, Ihre Vermögensverhältnisse sowie eine etwaige Zugehörigkeit zu einer Gewerkschaft.

Dressed for Success: Die Wahl der Kleidung

Der erste Eindruck zählt – diese Erfahrung haben wir alle schon gemacht. Und meist wird dieser erste Eindruck von Äußerlichkeiten wie Kleidung, Frisur oder Make-up bestimmt. Im Berufsleben wollen wir kompetent und seriös

Gibt es überhaupt noch Dresscodes?

Mit jedem Beruf sind bestimmte Erwartungen verknüpft. Eine Finanzberaterin sollte zum Beispiel Seriosität und Verlässlichkeit ausstrahlen. Mal ehrlich, würden Sie Ihr Geld einer Frau in zerrissenen Jeans und Flipflops anvertrauen? Die Kreativdirektorin einer Werbeagentur dagegen sollte fantasievoll und einfallsreich daherkommen. Ein strenger Businesslook wäre hier fehl am Platz. Wie man sich kleidet, hängt also stark von den Werten und Erwartungen ab, die eine Branche oder Firma prägen. Diese Werte sollten sich in Ihrer Kleidung widerspiegeln.

Darüber hinaus spielt auch Ihre Position im jeweiligen Unternehmen eine Rolle. Als Sekretärin oder Teamassistentin mag ein Businesskostüm zwar durchaus gefragt sein, doch kann niemand von Ihnen verlangen, dass es von einem Star-Designer stammt. Auf der anderen Seite sollten Sie als Vorstandsmitglied oder Abteilungsleiterin vermeiden, im No-Name-Kostüm aufzutreten – doch verwischen die Grenzen hier langsam, und man drückt gerne einmal ein Auge zu, wenn die Kleidung ansonsten korrekt ist.

Je nach Branche und Position gilt nach wie vor eine ungeschriebene Kleiderordnung, an die Sie sich halten sollten.

Unterschiede bestehen nach wie vor zwischen Branchen, in denen traditionell Frauen dominieren, und Berufen, die überwiegend von Männern ausgeübt werden. Wenn Sie als Frau in einem »Männerberuf« arbeiten oder zu den glücklichen 33 Prozent weiblichen Führungskräften (Quelle: Statistisches Bundesamt, Mikrozensus 2004) gehören, sollten Sie sich nicht allzu feminin kleiden. Das könnte sonst den Eindruck erwecken, es fehle Ihnen an Kompetenz – das passiert nämlich leider nach wie vor. Darum ist hier ein Hosenanzug oft die bessere Wahl als ein Kostüm oder gar ein Kleid, doch hängt die Entscheidung, ob Rock oder Hose, immer auch vom jeweiligen Typ ab.

wirken und sollten dies daher durch ein entsprechendes Outfit unterstreichen. In manchen Jobs ist das einfach: Wer als Ärztin oder Apothekerin arbeitet, kommt um den weißen Kittel nun einmal nicht herum. In den meisten Berufen gibt es jedoch keine Kleiderordnung – zumindest keine geschriebene. Wer beruflich nach vorne kommen möchte, sollte aber trotzdem einige Regeln beachten, denn Kleider machen nicht nur Leute, sondern auch Karriere.

Die Grundausstattung: Das gehört in Ihren Kleiderschrank

Was sollte sich in Ihrem Kleiderschrank befinden, wenn Sie im Job einen guten Eindruck machen wollen? Wie bereits erwähnt, hängt dies stark von der jeweiligen Branche ab.

Für jeden Berufszweig konkrete Empfehlungen zu geben würde aber den Rahmen dieses Buches sprengen. Die folgenden Richtlinien gelten daher für einen Bereich, in dem erfahrungsgemäß große Unsicherheit herrscht: für die formelle Kleidung oder das traditionelle Business-Outfit. Hier sind wir Frauen leider ein wenig im Nachteil. Während die Herren der Schöpfung meist mit zwei Anzügen gut zurechtkommen, die sie mit unterschiedlichen Hemden und Krawatten kombinieren, wird bei den Damen schon stärker darauf geachtet, was diese tragen. Wer jeden Tag im gleichen Kostüm oder Hosenanzug auftaucht, wird schnell schief angesehen. Frauen sollten also lieber etwas mehr in ihre Garderobe investieren – aber mit dem Shopping haben wir bekanntlich ja nur selten Probleme! Schon mit wenigen Basics können Sie einen guten Eindruck auf Arbeitgeber und Kunden machen.

- Zunächst einmal benötigen Sie Hosenanzüge, Kostüme oder auch ein Kleid. Ideal sind dezente Farben wie Dunkelblau, Schwarz, Hellgrau oder Beige. Dabei sollten die jeweiligen Farben zu Ihrem Hauttyp und Ihrer Haarfarbe passen. Oft gibt es zu einer Jacke eine passende Hose und einen passenden Rock – wenn Sie beides nehmen, haben Sie mehr Kombinationsmöglichkeiten. Sparen Sie hier nicht an der falschen Stelle, sprich am Material. Billige Stoffe wirken schnell abgetragen oder fangen an zu glänzen. Wenn Sie in gute Qualität investieren, sparen Sie auf lange Sicht trotzdem.
- Darunter tragen Sie Oberteile wie eng anliegende T-Shirts,

schlichte Blusen oder Pullis mit Steh- oder Rollkragen. Achten Sie darauf, dass die Oberteile nicht zu figurbetont oder zu weit ausgeschnitten sind.

- Bei den Schuhen sind elegante oder sportliche Pumps eine gute Wahl. Die Absätze sollten nicht zu hoch sein, da das zum Hosenanzug oft nicht sehr gut aussieht.

- Mit verschiedenen Accessoires können Sie das Business-Outfit etwas aufpeppen und ihm eine persönliche Note verleihen. Setzen Sie mit einem Gürtel, einer Handtasche oder einem Schmuckstück gezielt Akzente, doch achten Sie darauf, dass Sie dabei keine groben Stilbrüche begehen. Auch gilt hier: Weniger ist mehr – besonders was den Schmuck betrifft.

Und noch ein guter Rat zum Schluss: Ab und zu wird es auch in Deutschland im Sommer richtig heiß. Die Rocklänge schrumpft dann in dem Maße, wie die Temperaturen steigen, und Flipflops in Kombination mit knappen Tops sorgen dafür, dass wir bestimmt nicht ins Schwitzen geraten. Doch guter Stil ist das leider nicht. Im Berufsleben darf im Hochsommer der Blazer oder die Jacke zwar durchaus fallen, aber Ihre Schultern sollten trotzdem bedeckt sein. Also lieber keine Spaghettiträger-Tops, sondern Blusen oder T-Shirts mit kurzen oder angeschnittenen Ärmeln. Strümpfe und geschlossene Schuhe gehören eigentlich auch im Sommer fest zum Business-Outfit, doch wenn es sehr heiß ist, wird hier auch schon mal ein Auge zugedrückt.

Die modischen Todsünden

Miniröcke sind zwar modisch, im Berufsleben jedoch fehl
am Platz. Röcke sollten höchstens eine Handbreit über dem
Knie enden und auch beim Sitzen nicht zu weit nach oben
rutschen. Bauchfreie Tops, extrem figurbetonte Oberteile
oder ein tiefes Dekolleté haben am Arbeitsplatz nichts zu
suchen. Auch Netzstrümpfe sind nicht sehr seriös. Unge-
pflegte oder ausgelatschte Schuhe tragen Sie, wenn überhaupt, nur in der Freizeit. Protzen Sie nicht mit falschen
Statussymbolen: Bitte keine »Designer-T-Shirts« aus Thailand oder gefälschte Markenuhren.

Haare, Make-up und Duftnote

Doch nicht nur auf die Kleidung kommt es an, sondern
auch auf das Drumherum. Legen Sie deshalb großes Au-
genmerk auf Ihre Frisur und Ihr Make-up. Sie machen Ihr
gepflegtes Aussehen perfekt.

Für Kurzhaarschnitte gilt: Lassen Sie die Frisur regelmäßig nachschneiden, so dass sie nicht aus der Form gerät.
Lange Haare sollten Sie mit einer Spange zusammenhalten
oder hochstecken egal, wie stolz Sie auf Ihre wallende Lockenpracht sind. Falls Sie sich im Urlaub eine kleine modische Extravaganz wie Rastazöpfe oder bunte Perlen ge-
gönnt haben, sollten Sie Ihre Haare schnell wieder in ihren
ursprünglichen Zustand bringen.

Mit einem Schmuckstück können Sie gezielt Ihre Individualität betonen, doch gilt auch hier: Bitte nicht zu auf-

fällig. Verzichten Sie auf zahlreiche klimpernde Armreifen (die außerdem Ihre Kollegen in den Wahnsinn treiben) sowie auf sichtbare Piercings und Tattoos. In gehobenen Positionen sollten Sie darüber hinaus statt zu günstigem Modeschmuck lieber zu edleren Stücken greifen.

Und was ist mit dem Make-up? Denken Sie daran, Sie gehen zur Arbeit und nicht auf den Kriegspfad – auch wenn das manchmal fast dasselbe ist. Bleiben Sie daher dezent, und verzichten Sie auf allzu üppiges Make-up. Auch mit dem Sonnenstudio sollten Sie es besser nicht übertreiben. Vielleicht gehören Sie aber auch zu der Sorte Frau, die es eher natürlich mag und am liebsten ganz »ohne« aus dem Haus geht. Dann sollten Sie daran denken, dass ein bisschen Farbe zu einem gepflegten Aussehen einfach dazugehört. Abdeckstift, Lipgloss oder ein dezenter Lippenstift, ein wenig Rouge oder Puder und Wimperntusche – das reicht schon.

> *Wenn Sie sich hinsichtlich Ihrer Kleidung und Ihres Make-ups unsicher fühlen, lohnt es sich, in eine Farb- und Stilberatung zu investieren.*

Auch die Hände sollten gepflegt aussehen. Ob Sie (einen dezenten) Nagellack auftragen oder nicht, bleibt Ihnen überlassen. Doch wenn Sie sich dafür entscheiden, sollten Sie darauf achten, dass Ihre Nägel keine abgesplitterten Stellen aufweisen. Zu lange »Krallen« sind im Arbeitsalltag nicht nur unpraktisch, sondern wirken oft auch vulgär. In den USA und im europäischen Ausland ist es schon lange üblich, dass Frauen unerwünschte Körperbehaarung entfernen, und auch in Deutschland setzt sich das immer mehr durch. Sichtbare Körperhaare entsprechen eben nicht dem Idealbild einer gepflegten Frau. Wer transparente Strümpfe trägt, sollte daher stets seine Beine enthaaren. Auch sieht es nicht besonders gut aus, wenn im Sommer die Haare unter der Achsel hervorschauen.

Schließlich trägt auch Ihre Duftnote zu Ihrem Image bei – und diese sollte nach Möglichkeit nicht an Knoblauch erinnern. Greifen Sie stattdessen lieber zu einem guten Parfum, doch übertreiben Sie es nicht. Man sollte Ihren Duft bis zu einer Distanz von etwa zehn Zentimetern riechen können, darüber hinaus nicht. Da wir aber den Duft nach einiger Zeit selbst nicht mehr wahrnehmen, neigen wir oft dazu, eine Überdosis Duftwasser zu verwenden. Bitten Sie hier eine Freundin um Hilfe, Sie wird Ihnen ehrlich sagen, wann es zu viel ist.

> *Mischen Sie Düfte nicht wild durcheinander, sondern bleiben Sie bei Duschgel, Bodylotion & Co. bei einer Linie.*

Die richtige Körperhaltung

Zu unserem Auftreten gehören nicht nur Kleidung und Make-up, sondern auch unsere Körperhaltung. Über die Körpersprache vermitteln wir mindestens ebenso viel wie über

Worte. Denken Sie nur einmal an den Boxer Muhammad Ali, der der Welt selbstbewusst verkündete: »I am the greatest!« Seine Aussage wirkte auch deshalb so glaubwürdig, weil er sie durch seine Körpersprache unterstrich: Den Kopf erhoben, die Arme in Siegerpose und mit stolzgeschwellter Brust – so schrie er seinen Triumph in die Welt hinaus. Wäre er glaubhaft gewesen, wenn er den Blick zu Boden gerichtet und mit gebeugtem Rücken irgendetwas genuschelt hätte? Wohl kaum!

Im normalen Alltags- und Berufsleben sollten Sie auf eine gerade, entspannte Körperhaltung achten, im Stehen wie auch im Sitzen. Lassen Sie die Schultern nicht hängen, und stecken Sie nicht die Hände in die Hosentaschen, auch wenn Sie noch so nervös sind. Benutzen Sie die Hände lieber, um mit einigen sparsam eingesetzten Gesten Ihre Aussagen zu unterstreichen. Vorsicht ist angebracht, wenn Sie einen Rock tragen. Viele Frauen sind Röcke heutzutage nicht mehr gewohnt und können sich darin nicht natürlich bewegen. Wer sich in Röcken unsicher fühlt – es gibt nun einmal auch Frauen, die eher ein »Hosentyp« sind –, sollte sich lieber für eine Hose entscheiden.

Der Umgang mit Kollegen und Vorgesetzten

Kollegen können wir uns nicht aussuchen – leider. Und trotzdem verbringen wir mit ihnen oft mehr Zeit als mit dem Partner oder unserer besten Freundin. Der Umgang mit ihnen sollte daher so reibungslos wie möglich verlaufen. Damit das auch klappt, gilt es, einige Grundregeln zu beachten. Allerdings sollten Sie nie den Eindruck erwecken, Sie würden Ihre guten Manieren als gezielte Strategie einsetzen. Dann haben Sie nämlich schnell den Ruf einer »Schleimerin« weg. Stattdessen sollten Sie damit Ihre Achtung und Ihren Respekt gegenüber Ihren Kollegen und Vorgesetzten ausdrücken – etwas, das eigentlich selbstverständlich sein sollte.

> *Engagement und Interesse, darauf kommt es im Job besonders an. Vor allem in den ersten Wochen und Monaten sollten Sie zeigen, dass Ihnen Ihr Beruf wichtig ist.*

Die »Neue« in der Firma

Der erste Tag am neuen Arbeitsplatz ist immer besonders aufregend: Bin ich den Anforderungen auch gewachsen? Wie sieht mein Büro aus? Und wie sind die Kollegen? Als »Neue« in der Firma werden Sie von den Alteingesessenen zunächst einmal neugierig beäugt: Passen Sie auch in die Gemeinschaft? Damit Sie es sich nicht auf Anhieb mit Ihren neuen Kollegen verscherzen, sollten Sie sich in den ersten Tagen besonders bemühen, einen guten Eindruck zu machen.

In der Regel wird man Ihnen am Anfang einen erfahrenen Kollegen oder eine Kollegin zur Seite stellen, der oder die Sie in Ihr neues Aufgabengebiet einarbeitet. Vielleicht

Tipps für ein gutes Betriebsklima

In einem Unternehmen treffen die unterschiedlichsten Charaktere aufeinander. Ganz klar, dass man nicht mit allen gleich gut »kann«. Doch sollten Sie sich zumindest um ein gutes Betriebsklima bemühen, denn es macht die tägliche Arbeit nicht nur angenehmer, sondern fördert auch die Produktivität und Motivation. Wer morgens schon mit Bauchschmerzen zur Arbeit geht, wird wohl kaum in der Lage sein, seine Arbeitskraft konzentriert einzusetzen. Gegen unangenehme Menschen, die Ihnen das Leben schwermachen, ist leider kaum ein Kraut gewachsen, doch können Sie mit Ihrem Auftreten, durch Höflichkeit und Fairness Ihren Teil zu einem positiven Betriebsklima beitragen.

- Respektieren Sie die Privatsphäre Ihrer Kollegen. Dazu gehören auch deren Schreibtische, Schubladen und Computer. Haben Ihnen die Kollegen nicht ausdrücklich die Erlaubnis dazu erteilt (zum Beispiel weil sie im Urlaub sind), so haben Sie dort rein gar nichts zu suchen.
- Zeigen Sie Teamgeist, und lassen Sie Ihre Abteilung an Erfolgen teilhaben.
- Schleppen Sie privaten Ärger nicht mit ins Büro. Ihre Kollegen können nichts dafür, wenn Ihr Partner schon wieder den Hochzeitstag vergessen hat.
- Zollen Sie Ihren Kollegen Respekt, ohne sich anzubiedern.

- Nehmen Sie Rücksicht auf Ihre Kollegen. Laden Sie nicht noch zusätzlich Arbeit bei ihnen ab, wenn Sie sehen, dass diese sowieso schon am Rotieren sind. Im Gegenteil, helfen Sie.
- Jeder ist mal schlecht drauf, das werden Ihre Kollegen verstehen und respektieren. Ziehen Sie sich dann einfach ein Stück weit zurück, und lassen Sie Ihre Launen nicht an Ihren Mitarbeitern aus.
- Kapseln Sie sich nicht von Ihren Kollegen ab, sondern schließen Sie sich ab und zu auch privaten Unternehmungen an.

entdecken Sie bereits jetzt jede Menge Dinge, die man ändern könnte, oder Wege, um Arbeitsabläufe zu beschleunigen. Das ist keine Seltenheit, denn schließlich gehen Sie mit frischer Energie an Ihre Aufgabe heran und sind noch nicht »betriebsblind«. Trotzdem sollten Sie nicht gleich mit Ihren neuen Ideen und Verbesserungsvorschlägen herausplatzen, sondern die Dinge erst einmal so nehmen, wie sie sind. Andernfalls wirken Sie überheblich und trüben die Stimmung von Anfang an.

Ist es in der Firma üblich, dass die Mitarbeiter einer Abteilung die Mittagspause gemeinsam verbringen? Dann schließen Sie sich an, um sich nicht auszugrenzen. Nehmen Sie es Ihren Kollegen jedoch nicht übel, wenn sie Sie nicht ausdrücklich zum Mitkommen auffordern. Diese Abläufe sind oft so eingespielt, dass die Kollegen schlicht und einfach nicht daran denken. Fragen Sie stattdessen lieber nach: »Was machen Sie denn in der Mittagspause? Haben Sie etwas dagegen, wenn ich mich anschließe?«

Stellen Sie sich beim Einstand noch einmal kurz vor und äußern Sie Ihren Wunsch nach einer guten Zusammenarbeit.

In vielen Unternehmen ist es üblich, als »Neue« einen Einstand zu geben. Informieren Sie sich bei der Kollegin, die Sie einarbeitet, wie das in Ihrer Firma gehandhabt wird. Sie brauchen den neuen Kollegen kein Festmahl aufzutischen, kleine Häppchen und Getränke genügen vollkommen. Erkundigen Sie sich auch, ob zu diesen Gelegenheiten Alkohol erwünscht beziehungsweise erlaubt ist oder nicht. Richten Sie Ihren Einstand auch nicht gleich in der ersten Arbeitswoche aus, sondern warten Sie, bis Ihnen die Arbeitsabläufe und die Hierarchien etwas geläufiger sind. Sechs Wochen nach dem Eintritt ist ein guter Termin, auch bis zum Ende der Probezeit können Sie warten.

Du oder Sie?

Im Privatleben ist man heute sehr schnell beim Du, doch im Geschäftsleben gelten andere Regeln. Vor allem ältere Mitarbeiter, die manchmal schon seit Jahren zusammenarbeiten, sind häufig immer noch beim förmlichen Sie. Demgegenüber gibt es allerdings auch Unternehmen oder Abteilungen, in denen sich die Mitarbeiter generell duzen. Damit sollen Hierarchien abgebaut und ein persönlicheres Verhältnis geschaffen werden. In einem solchen Fall wird Ihnen kaum etwas anderes übrig bleiben, als mitzumachen.

Wer bietet wem das Du an? Im Berufsleben gilt: Gibt es ein Hierarchiegefälle, entscheidet der Ranghöhere. Geschlecht oder Alter spielen hier keine Rolle. Haben Sie einen männlichen Chef, der noch dazu jünger ist als Sie, darf er Ihnen also das Du anbieten. Umgekehrt können Sie als Chefin Ihrem älteren männlichen Mitarbeiter ebenfalls das Du vorschlagen. Innerhalb einer Abteilung mit gleichgestellten Mitarbeitern bietet derjenige das Du an, der länger dabei ist. Wenn Sie einen neuen Job anfangen, sagt Ihre Kollegin vielleicht zu Ihnen: »Wir sind hier übrigens alle per Du. Ich bin die Sandra.« Umgekehrt sollten auch Sie so auf neue Mitarbeiter zugehen.

> *Duzen Sie niemanden ungefragt, sondern klären Sie immer erst, ob dies auch erwünscht ist. Vor allem ältere Kollegen können mit einem allgemeinen »Du« Probleme haben.*

Übrigens: Das Du ist immer eine gegenseitige Sache. Wer zu Ihnen »du« sagt, den dürfen Sie ebenfalls duzen. Keinesfalls sollten Sie das Du jedoch benutzen, um Ihre Macht zu demonstrieren, also zum Beispiel als Chefin den Azubi einfach

mit »du« anreden. Dann darf der Sie nämlich ebenfalls duzen! Und noch etwas sollten Sie bedenken: Sind Sie erst einmal zum Du übergegangen, so können Sie nicht einfach wieder zum Sie zurückkehren (außer Alkohol war im Spiel, siehe
auch Betriebsfest, Seite 44). Dies kann zu Komplikationen
führen, wenn Sie befördert werden und nun plötzlich die
Chefin Ihrer ehemaligen Kolleginnen sind. Wenn sich Vorgesetzte mit ihren Mitarbeitern duzen, sieht das nach außen
hin oft so aus, als habe der oder die Vorgesetzte keine Autorität. In manchen Branchen mag dies gewünscht sein, und
auch in kleinen, sehr familiären Betrieben wird sich kaum
jemand daran stören. In größeren Firmen oder Abteilungen
sollten die Hierarchien jedoch klar definiert sein. Überlegen
Sie daher gründlich, wem Sie das Du anbieten möchten. Zur
Not können Sie auch so verfahren, dass Sie vor Dritten oder
innerhalb der Firma das »Sie« verwenden, privat oder unter
vier Augen jedoch nach wie vor »du« sagen.

In einer Situation allerdings sollten Sie auf jeden Fall
wieder zum »Sie« zurückkehren, nämlich dann, wenn Sie
es mit Kunden oder Geschäftspartnern von außerhalb der
Firma zu tun bekommen. Dann klingt es einfach besser
und professioneller, wenn Sie sagen: »Herr Huber, stellen
Sie doch bitte das neue Konzept vor« und nicht »Also los
geht's, Martin.«

Grüßen und Begrüßen

Im Laufe eines Arbeitstages begegnen uns eine Menge Menschen: In der Kantine treffen wir die Chefin, auf dem Gang

den Azubi und auf der Toilette die Kollegin. Die Regeln der Höflichkeit gebieten, dass wir diese Personen grüßen. Aber wer grüßt wen zuerst? Wie beim Duzen gilt: Ausschlaggebend ist allein der Rang, das heißt, der Rangniedrigere grüßt den Ranghöheren. Alter und Geschlecht spielen auch hier keine Rolle.

Der Neuankömmling grüßt die Anwesenden. Dies gilt auch im Fahrstuhl, im Zugabteil, in Büros und überall dort, wo Sie auf andere Menschen stoßen. In einer Besprechung oder bei einem Seminar grüßen Sie zuerst den Chef oder den Seminarleiter, dann die Bekannten und Unbekannten.

Die korrekte Grußformel ist dabei »Guten Morgen«, »Guten Tag« oder »Guten Abend«, in Bayern und Österreich auch »Grüß Gott«. Streng genommen, ist ein fröhliches »Hallo« nur angebracht, wenn Sie mit der anderen Person per Du oder Sie beide unter 25 sind, doch setzt sich dieser Gruß in jüngster Zeit immer mehr durch. Kennen Sie die andere Person recht gut und handelt es sich dabei nicht gerade um Ihren Vorgesetzten, ist also auch gegen ein »Hallo« nichts einzuwenden. Begegnen Sie derselben Person fünfmal am Tag, genügt ab dem zweiten Mal ein Lächeln oder Kopfnicken.

Der Gruß »Mahlzeit« ist nicht besonders fein, besonders wenn man damit im Vorraum zur Toilette gegrüßt wird.

Wie verhalten Sie sich aber, wenn Sie auf eine Gruppe stoßen? Wer grüßt dann wen zuerst, beziehungsweise wer
steht auf und wer bleibt sitzen? Als Frau dürfen Sie eigentlich immer sitzen bleiben, doch ist es im Berufsleben in-
zwischen üblich, dass sich die Damen erheben, wenn sie
eine ranghöhere Person – egal ob männlich oder weiblich –
begrüßen. Auch Gleichgestellte stehen zur Begrüßung auf.
Wenn Sie unsicher sind, erheben Sie sich einfach. So können Sie eigentlich nichts falsch machen.

Die offizielle Begrüßung ist in unseren Breiten der Händedruck. Wer wem zuerst die Hand reicht, wird wiederum
durch die Position im Unternehmen bestimmt. Der Ranghöhere bietet dem Rangniedrigeren die Hand zum Gruß.
Alter und Geschlecht spielen dabei wiederum keine Rolle.
Die einzige Ausnahme: Wenn Sie einen Gast empfangen,
so reichen Sie ihm zuerst die Hand, egal, welche hierarchi-
sche Stellung er einnimmt. Bei Gleichgestellten reicht der
Ältere dem Jüngeren die Hand und die Dame dem Herrn.
Halten Sie bei der Begrüßung Blickkontakt und drücken Sie
weder zu fest noch zu lasch zu.

Nicht selten müssen Sie im Berufsleben sich selbst oder
eine andere Person jemandem vorstellen oder – besser aus-
gedrückt – die Personen miteinander bekannt machen.
Auch hier kennt die Etikette genaue Regeln, die vom Rang
der jeweiligen Personen abhängen. Bei Gleichrangigkeit
können Sie gerne selbst die Initiative ergreifen. Stellen Sie
sich vor, Ihr Gegenüber wird sich dann ebenfalls vorstellen. Sind jedoch Personen unterschiedlichen Ranges anwesend, so heißt es, blitzschnell die Rangfolge abzuchecken.

Wer ist am wichtigsten, wer kommt danach? In diesem Fall sprechen Sie die ranghöchste Person an. Dabei erfährt sie von Ihnen zuerst den Namen des Rangniederen, also zum Beispiel: »Frau Direktorin, darf ich Ihnen meinen Assistenten, Herrn Schmidt, vorstellen?« Ist kein eindeutiger Rang erkennbar, so gelten immer die Damen als die Ranghöheren, bei gleichrangigen Herren ist das Alter ausschlaggebend. Und was erwidern Sie, wenn Ihnen jemand vorgestellt wird? Floskeln wie »Sehr erfreut« oder »Angenehm« sind out, halten Sie sich stattdessen, je nach Tageszeit, an ein freundliches »Guten Tag« oder »Guten Abend«. Sie können auch sagen: »Schön, dass wir uns kennenlernen, ich habe schon viel von Ihnen gehört« – aber nur, wenn es auch stimmt!

Wie privat soll mein Arbeitsplatz werden?

Es gibt Firmen oder Abteilungen, da sind alle Mitarbeiter die besten Freunde. Nach der Arbeit geht man zusammen noch etwas trinken, und in der Kaffeepause werden Beziehungsprobleme so eifrig diskutiert wie sonst nur die aktuellen Verkaufszahlen. Wer neu in eine solch eingeschworene Gemeinschaft hineinkommt, wird oft sofort mit einer Fülle privater Details aus dem Leben seiner Kollegen konfrontiert, die man zu diesem Zeitpunkt noch gar nicht wissen will. Und man steht unter einem gewissen Druck, selbst auch aus dem privaten Nähkästchen zu plaudern, denn die Büroclique will natürlich ganz genau wissen, mit wem sie es zu tun hat. Hören Sie bei Privatgesprächen erst

Private Telefongespräche am Arbeitsplatz

Tante Trude aus Buxtehude hat heute Geburtstag? Sie müssen unbedingt zum Friseur? Und wie lief eigentlich das Date Ihrer besten Freundin gestern Abend? Ein Griff zum Telefonhörer genügt, und schon haben Sie die Antwort! Oder lieber doch nicht? In vielen Unternehmen ist genau geregelt, ob und in welchem Umfang Privatgespräche geführt werden dürfen. Gut zu wissen: Unerlaubtes und übermäßiges privates Telefonieren kann sogar – ebenso wie privates Surfen im Internet – ein Kündigungsgrund sein, denn schließlich geht es zu Lasten der Arbeitszeit, und es fallen entsprechende Gebühren an.

Manchmal lassen sich Privatgespräche aber einfach nicht vermeiden, zum Beispiel wenn Sie während der Geschäftszeiten bei einer Behörde anrufen oder einen Arzttermin ausmachen müssen. Auch wenn Ihr Kind krank zu Hause liegt, wird kaum jemand etwas dagegen haben, wenn Sie sich kurz beim Babysitter nach seinem Befinden erkundigen. Ob Sie jedoch unbedingt Ihrer besten Freundin während der Arbeitszeit von der Party am Vorabend erzählen müssen, ist hingegen fraglich.

Das gilt auch, wenn Freunde oder der Partner Sie am Arbeitsplatz anrufen. Wenn Sie sich dann zu stundenlangen Plaudereien hinreißen lassen, verschwenden Sie nicht nur Arbeitszeit, sondern bringen vielleicht auch Kollegen, die mit Ihnen im Zimmer sitzen, in Verlegenheit. Die Kollegin möchte vermutlich gar nicht wissen, wie die Versöhnung mit Ihrem Partner gestern Abend vonstatten ging, und ist dann wiederum in der Zwickmühle: Weghören kann sie nicht und das Zimmer verlassen – wie es die Höflichkeit eigentlich gebieten würde – auch nicht, denn sie soll ja arbeiten. Ist Ihr Mitteilungsbedürfnis wirklich so groß, dann verlassen Sie das Zimmer und rufen Sie vom Handy aus zurück. Am besten verlegen Sie Privatgespräche jedoch generell in die Zeit nach Betriebsschluss, zumal es in vielen Unternehmen diesbezüglich ganz klare Regelungen gibt.

einmal nur zu (weghören können Sie meist ja gar nicht), und halten Sie sich mit Kommentaren noch zurück, denn Sie kennen Ihre Kollegen noch nicht gut genug, um tatsächlich Ratschläge oder Tipps geben zu können. Von sich selbst brauchen Sie nur so viel preiszugeben, wie Sie zu diesem Zeitpunkt möchten. Fragen nach dem Familienstand oder Kindern sollten Sie jedoch beantworten, das ist noch nicht zu intim. Plaudern Sie am Anfang aber auf jeden Fall noch nichts aus, das Ihnen selbst unangenehm ist oder das zu Ihren Ungunsten ausgelegt werden kann. Sie wissen zu diesem Zeitpunkt noch nicht, wem in der Firma Sie vertrauen können und wer eine rechte Klatschbase ist. Vielleicht haben Sie finanzielle Probleme, Ihr Partner ist arbeitslos oder Ihre Mutter schwer krank. Warum also nicht bei der netten Kollegin sein Herz ausschütten? Doch vergessen Sie nie, dass auch die beste Kollegin plötzlich zur Konkurren-

tin werden kann, zum Beispiel, wenn es um eine Beförderung geht. Ein paar Wochen später wird ein wichtiges Projekt vergeben und die »nette« Kollegin sagt: »Ach, der Frau
Müller kann man das jetzt nicht zutrauen. Ihre Mutter ist
schwer krank und so ist sie nicht ganz bei der Sache.« Sehen Sie, was ich meine?

Leider gibt es aber auch neugierige Kollegen und Kolleginnen, die die Privatsphäre nicht respektieren und immer
wieder Fragen stellen. »Wer war denn der Typ, mit dem
ich dich gestern gesehen habe?« »Ach, die Kette ist aber
hübsch, haben Sie die von Ihrem Partner bekommen?«
Wie können Sie solche Fragen abwehren, ohne unhöflich
zu wirken? »Darüber möchte ich nicht sprechen« wirkt
schroff und verärgert den Kollegen. Antworten Sie lieber
kurz und knapp und gehen Sie dann nicht weiter auf die
Frage ein. Wer geschickt ist, wechselt ganz einfach das Thema oder reagiert mit einer Gegenfrage. Sind Ihre Kollegen
einigermaßen sensibel, so werden sie merken, dass Ihnen
bestimmte Themen unangenehm sind, und nicht weiter
nachbohren.

*Über kurz oder lang werden Sie merken: Wenn Sie sich
aus Privatgesprächen weitgehend heraushalten, wird man
Sie auch bald in Ruhe lassen.*

Wie sieht es mit gemeinsamen privaten Unternehmungen
aus? Selbst wenn Sie nicht Ihre ganze Freizeit mit den lie-

ben Kollegen verbringen möchten, ganz ausgrenzen sollten Sie sich nicht. Ab und zu sollten Sie durchaus etwas mit
Ihren Kollegen unternehmen, wenn dies in Ihrer Firma so
üblich ist. Ob Sie nun nach Büroschluss noch etwas trinken oder ab und zu einmal ins Kino gehen – solche Unternehmungen fördern das Arbeitsklima, da Sie Ihren Kollegen auch auf menschlicher Ebene näherkommen. Gehen
Sie also gelegentlich ruhig mit!

Lieben Sie Klatsch und Tratsch? Hin und wieder macht
es ja auch richtig Spaß, über andere zu lästern und sich so
von seinen eigenen Problemen abzulenken. Doch Vorsicht!
Wenn Sie zu der Sorte Mensch gehören, die ganz gerne einmal über das Liebesleben anderer spekuliert, so halten Sie
sich dabei lieber an Prominente. David Beckham oder Boris
Becker bieten Anlässe genug, es muss also nicht unbedingt
um die Abteilungsleiterin oder den Kollegen aus der Buchhaltung gehen. Vermeiden Sie Lästereien über Kollegen
oder Vorgesetzte – Sie wissen nicht, ob man nicht über Sie
genauso lästert, sobald Sie den Raum verlassen. Auch sollten Sie keine Gerüchte verbreiten, schon gar nicht, wenn
diese unter die Gürtellinie gehen. Haben Sie Ihre Chefin
neulich mit einem erheblich jüngeren Mann gesehen, so
denken Sie sich Ihren Teil, und schweigen Sie.

Acht Stunden oder mehr verbringen wir täglich an unserem Arbeitsplatz. Da ist es selbstverständlich, dass wir uns
diesen so wohnlich wie möglich einrichten wollen: Auf
dem Schreibtisch stehen Urlaubsfotos und der Schnapp-
schuss von unserem Liebsten, auf dem Computer thronen
Stofftiere, und der Bildschirm ist mit lustigen Aufklebern

dekoriert. Ein solcher Arbeitsplatz wirkt jedoch unprofessionell – Sie sind schließlich zum Arbeiten im Büro und nicht zum Spielen. Ein oder zwei Fotos sind in Ordnung, was darüber hinausgeht, sollten Sie lieber entfernen.

Liebe am Arbeitsplatz

Viele Beziehungen beginnen am Arbeitsplatz, und warum auch nicht? Schließlich verbringen wir dort eine ganze Menge Zeit und können den attraktiven Kollegen erst einmal beobachten und beschnuppern, bevor wir uns etwas näher an ihn heranwagen. Doch den anderen Mitarbeitern werden die aufkeimenden Gefühle nicht lange verborgen bleiben, und schon werden Sie zum Ziel von Klatsch und Tratsch.

Wer verliebt ist, möchte seine Gefühle am liebsten laut hinausposaunen, doch wenn es Sie am Arbeitsplatz erwischt hat, sollten Sie die erblühende Liebe zunächst noch geheim halten – zumindest so lange, bis klar ist, ob aus dem heißen Flirt wirklich eine Beziehung wird. Halten Sie sich auch mit erotischen Telefonaten oder E-Mails zurück, Sie wissen nie, wer dem geliebten Kollegen gerade über die Schulter schaut. Und auch zu körperlichen Annäherungen sollten Sie sich nicht hinreißen lassen, selbst wenn Sie am liebsten im Pausenraum übereinander herfallen würden. Besondere Vorsicht ist angebracht, wenn Sie und Ihr heimlicher Geliebter einen unterschiedlichen Status in der Firma haben. Hier können schnell böse Gerüchte aufkommen, und Sie (oder Ihr Partner) geraten in den Verdacht, sich »hochschlafen« zu wollen. Gibt es Anlass zu Befürchtungen in dieser Hinsicht, sollten Sie darüber nachdenken, ob einer von Ihnen nicht vielleicht besser die Abteilung oder gar die Stelle wechselt.

Ist die Beziehung schließlich offiziell, sollten Sie darauf achten, dass sie den Arbeitsalltag nicht beeinflusst. Grenzen Sie andere Kollegen beim Teamwork nicht aus, und unterlassen Sie auch weiterhin alle Zärtlichkeiten. Vermischen Sie Privates und Berufliches nicht miteinander, tragen Sie private Streitigkeiten nicht vor Kollegen aus, und geben Sie keine vertraulichen Informationen weiter – auch nicht an den Partner.

Und wenn sich herausstellt, dass der Kollege doch nicht die große Liebe ist? Liebeskummer ist immer furchtbar, umso mehr, wenn Sie den Ex-Partner weiterhin jeden Tag im Büro sehen und vielleicht sogar noch mit ihm zusammenarbeiten müssen. Klären Sie daher bei einer Trennung, ob und wie eine weitere Zusammenarbeit noch möglich ist.

Unmittelbar nach der Trennung ist es am besten, wenn einer von Ihnen erst einmal Urlaub nimmt. Informieren Sie dann die Kollegen kurz und knapp über den neuen Stand der Dinge, allerdings ohne dabei schmutzige Wäsche zu waschen. Wenn die Trennung so verlief, dass eine Zusammenarbeit nicht mehr möglich ist, wird Ihnen oft nichts anderes übrigbleiben, als über einen Job- oder Abteilungswechsel nachzudenken (oder zu hoffen, dass der Ex kündigt).

Was aber ist, wenn der Chef höchstpersönlich mit Ihnen flirtet? Ist es nicht toll, wenn ein Mann in gehobener Position, mit Macht und Geld, sich ausgerechnet für Sie interessiert? Viele Frauen genießen diese Aufmerksamkeit, doch ist hier gleichzeitig auch Vorsicht geboten. Nicht nur weil es leider immer wieder Chefs gibt, die ihre Machtposition ausnutzen, sondern auch weil leicht böse Gerüchte entstehen, wenn Sie munter zurückflirten. Also was tun? Den Chef rüde abblitzen lassen? Sie wollen ihn ja schließlich auch nicht verärgern. Wenn er Ihnen harmlose Komplimente macht, so bedanken Sie sich dafür oder geben sie zurück. Auf alles Weitere gehen Sie nicht ein. Bleiben Sie bestimmt, und machen Sie klare Ansagen, so dass Ihr Chef gar nicht erst auf dumme Gedanken kommen kann.

Betriebsausflüge, Weihnachtsfeiern und andere »Problemzonen«

Ein paarmal im Jahr wird in der Firma richtig gefeiert: Da geht es zum Betriebsausflug aufs Oktoberfest, und bei der Weihnachtsfeier ist die Hölle los. Und plötzlich erleben wir unsere »lieben« Kollegen von einer ganz neuen Seite. Der Alkohol tut sein Übriges, und der unauffällige Typ aus der Buchhaltung sieht auf einmal aus wie Brad Pitt. Mit dem Chef sind Sie nach dem dritten Glas Sekt per Du und nutzen diese Gelegenheit auch prompt, um ihn nach einer Gehaltserhöhung zu fragen. Betriebsfeste haben ihre ganz eigenen Gesetze. Sie sind Ausnahmesituationen, und für kurze Zeit sind alle Regeln außer Kraft gesetzt. Doch am nächsten Morgen geht alles wieder seinen gewohnten Gang. Hat Ihnen Ihr Chef in bierseliger Laune das Du angeboten und nennt er Sie nun wieder »Frau Müller«, so entgegnen Sie

Die allseits beliebte Chefin

Eine Chefin ist auf ihre Mitarbeiter angewiesen – gäbe es diese nicht, so wäre sie nämlich keine Chefin. Deshalb sollten Sie Ihre Mitarbeiter stets mit Respekt und Höflichkeit behandeln. Ein gutes Betriebsklima hängt ganz wesentlich vom Chef oder der Chefin ab. Ist das Verhältnis schwierig oder haben die Mitarbeiter gar Angst vor einer cholerischen Chefin, so werden sie auch untereinander kaum entspannt miteinander umgehen können.

Als Chefin geben Sie den Ton an, und das heißt nicht nur, dass Sie für das »Was«, sondern auch, dass Sie für das »Wie« verantwortlich sind.

Die Zauberworte »Bitte« und »Danke« darf auch eine Chefin gerne und häufig äußern. Dies zeigt nämlich, dass Sie Ihre Mitarbeiter wahrnehmen und ihre Leistung wertschätzen. Auch entschuldigen sollte sich eine höfliche Chefin, wenn sie einen Fehler gemacht oder eine versehentliche Unhöflichkeit begangen hat. Dies ist keineswegs ein Eingeständnis von Schwäche, sondern ein Zeichen von persönlicher Souveränität. Weitere hilfreiche Tipps für Ihr Verhalten als Chefin sind:

• Seien Sie Ihren Angestellten ein Vorbild – wer selbst rücksichtslos und unhöflich ist, braucht sich nicht zu wundern, wenn man ihm auch so begegnet.

- Versuchen Sie, ein angenehmes Betriebsklima zu schaffen. Dazu gehört, dass Sie Ihre Angestellten stets freundlich und fair behandeln.
- Sehen Sie gute Leistungen nicht als selbstverständlich an, sondern loben Sie Ihre Mitarbeiter ab und zu. Dies motiviert und spornt zu weiteren Höchstleistungen an.
- Müssen Sie Kritik an jemandem üben, so tun Sie dies nicht vor versammelter Mannschaft und bleiben dabei stets sachlich.
- Als Chefin müssen Sie eine gewisse Verantwortung übernehmen. Tun Sie das auch, und wälzen Sie die Verantwortung nicht auf Ihre Mitarbeiter ab.
- Zeigen Sie, falls nötig, Autorität, aber nutzen Sie diese niemals aus.
- Halten Sie Überstunden so gering wie möglich. Wenn Sie bis spätabends im Büro sitzen wollen – schön, doch verlangen Sie dies nicht von Ihren Mitarbeitern.
- Klären Sie Unstimmigkeiten sofort.

nicht: »Aber Rudi, wir sind doch jetzt per Du!«, sondern gehen Sie ebenfalls wieder stillschweigend zum »Sie« über.

Kostenloser Alkohol kann ganz schön verführerisch sein. Vielleicht ist es Ihnen passiert, dass Sie auf der Weihnachtsfeier ein paar Gläschen zu viel hatten und nicht mehr so genau wissen, wie der Abend zu Ende ging. Jemand hat auf dem Tisch getanzt – aber waren das wirklich Sie? Beweisen Sie in einem solchen Fall Größe, und entschuldigen Sie sich für Ihr Benehmen. Am besten lassen Sie es jedoch gar nicht erst so weit kommen ...

Der Termin beim Vorgesetzten

Vor einem Gespräch mit dem oder der Vorgesetzten ist man naturgemäß ein wenig nervös. Vielleicht geht es um eine Gehaltserhöhung, um ein neues wichtiges Projekt oder eine Beförderung. Auf jeden Fall möchte man hier einen besonders guten Eindruck machen, denn davon kann eine ganze Menge abhängen – bereiten Sie sich deshalb besonders gründlich vor. Dabei spielt auch das Outfit eine Rolle. Selbst wenn in Ihrer Firma sonst nicht sehr strenge Vorgaben herrschen, sollten Sie an diesem Tag eine Ausnahme machen – es sei denn, Sie arbeiten sehr eng mit Ihrem Vorgesetzten zusammen und dieser kennt Sie in einem Business-Outfit gar nicht. Dann sollten Sie ihn auch nicht verwirren.

Klopfen Sie vor dem Eintreten an, und warten Sie, bis der Chef Sie hereinbittet. Ganz klar, Sie grüßen den Chef zuerst. Danach fallen Sie nicht gleich mit der Tür ins Haus (falls Sie um den Termin gebeten haben), sondern warten, bis der Chef das Gespräch eröffnet. Platz dürfen Sie erst nehmen, wenn er ihn Ihnen anbietet. Achten Sie dann auf eine korrekte Sitzhaltung. Im Gespräch bringen Sie Ihr Anliegen sachlich vor und bleiben bei diesem Ton, auch wenn der Chef selbst vielleicht unsachlich wird oder Ihr Anliegen ablehnt. Verhalten Sie sich stets angemessen und korrekt, und fallen Sie nicht aus der Rolle, denn so verschlimmern Sie die Situation noch.

Dicke Luft am Arbeitsplatz

Bei kaum einem Thema stehen sich die Menschen so unversöhnlich gegenüber wie beim Rauchen. Nichtraucher fühlen sich durch den blauen Dunst belästigt, während Raucher ein Rauchverbot als Eingriff in ihre persönliche Freiheit empfinden. Tatsache bleibt jedoch, dass Rauchen – auch passiver Nikotinkonsum – gesundheitsschädlich ist, und deshalb haben wir heute einen Anspruch auf einen rauchfreien Arbeitsplatz.

Grundsätzlich gilt: Überall, wo ein Aschenbecher steht, darf auch geraucht werden. Ein höflicher Raucher bittet jedoch trotzdem stets um Erlaubnis, bevor er sich eine Zigarette anzündet – und akzeptiert es auch, wenn sich der andere dadurch belästigt fühlt. In Ihrem Unternehmen wird es aber darüber hinaus vermutlich feste Regelungen geben, wo geraucht werden darf und wo nicht. Vielleicht gibt es einen eigenen Pausenraum für Raucher oder zumindest eine »Raucherecke«. Dann dürfen Sie dort natürlich auch rauchen, aber auch nur dort. An allen anderen Orten sollten Sie auf den blauen Dunst lieber verzichten.

In manchen Unternehmen darf im Prinzip nach wie vor noch überall geraucht werden. Doch auch hier gibt es Einschränkungen: Teilen Sie Ihr Büro mit Nichtrauchern, so dürfen Sie nicht rauchen. Dies gilt auch dann, wenn in einem Büro zwei Raucher und ein Nichtraucher sitzen. Das Recht auf einen rauchfreien Arbeitsplatz hat Vorrang vor dem Recht der Mehrheit. Und auch der Chef oder die Chefin hat nicht das Recht, überall zu rauchen, selbst wenn er oder sie beruflich am längeren Hebel sitzt. Haben Sie das Glück, ein Büro für sich alleine zu haben, so dürfen Sie sich hier gerne eine Zigarette anzünden. Denken Sie aber daran, dass auch andere Menschen in Ihrem Büro ein- und ausgehen und sich vielleicht nicht unbedingt darüber freuen, wenn man die Luft dort schneiden kann. Lüften Sie daher regelmäßig, und verzichten Sie in Anwesenheit von Besuchern auf die Zigarette – auch wenn es »Ihr« Büro ist. Bei Meetings und Konferenzen sowie bei Seminaren sollten Sie aus Höflichkeit ebenfalls auf die Zigarette verzichten.

In Büros mit Publikumsverkehr, Großraumbüros, Seminar- und Besprechungszimmern sowie Toiletten und Fahrstühlen gilt ein generelles Rauchverbot.

Doch nicht nur Raucher sind manchmal rücksichtslos, auch Nichtraucher können ganz schön giftig werden, wenn sie nur einen Glimmstängel sehen. Schnell fällt dann eine Bemerkung, die unter die Gürtellinie geht. Selbst wenn Sie als Nichtraucher im Recht sind, sollten Sie dennoch stets höflich bleiben. Wenn Sie sich durch den Rauch belästigt fühlen, so sagen Sie: »Bitte seien Sie doch so nett und rauchen hier nicht.« Ein höflicher Raucher wird Ihrem Wunsch gerne nachkommen.

Besucher empfangen

Im Berufsleben wir aber nicht nur mit unseren Kollegen und Vorgesetzten zusammen. Je nach Job haben wir es auch mit Kunden oder Geschäftspartnern von außerhalb der Firma zu tun. Hier ist es besonders wichtig, stets einen guten Eindruck zu machen, denn in diesen Momenten repräsentieren Sie nicht nur sich selbst, sondern das gesamte Unternehmen. Vielleicht sind Sie die erste Person, die der Gast zu Gesicht bekommt. Dann sind Sie mit Ihrem Auftritt dafür verantwortlich, welches Bild er sich von Ihrer Firma macht. Schaffen Sie also ein Klima, in dem sich der Gast wohlfühlt.

Der Besuch trifft ein

Ein wichtiger Geschäftspartner hat sich angekündigt, und nun ist es so weit: Sie bekommen vom Empfang die Nachricht, dass der Besuch eingetroffen ist. Lassen Sie ihn (oder sie) nicht unnötig warten, und holen Sie den Gast selbst ab. Dies ist nicht nur höflich, sondern erspart Ihrem Besucher unter Umständen auch lange Irrwege durch die Gänge des Gebäudes. Begrüßen Sie den Gast mit Namen und Händedruck (als Gastgeberin reichen Sie zuerst die Hand) und stellen Sie sich vor: »Guten Tag, Frau Schulze, ich bin Anja Klein.« Dann können Sie sich auf den Weg zu Ihrem Büro oder dem Besprechungszimmer machen.

Wer hat den Vortritt?

Bei einem kurzen überschaubaren Weg von nicht mehr als fünf Metern lassen Sie Ihrem Besucher den Vortritt. Sobald jedoch Ecken oder Türen ins Spiel kommen, gehen Sie voran. Als Gastgeberin öffnen Sie alle Türen selbst, auch wenn Sie einen Mann begleiten. Unter Umständen kann es hier nötig sein, Ihren Besucher kurz zu überholen, damit Sie zuerst an der Tür sind. Gehen Sie dann links an ihm vorbei.

Es gibt jedoch auch männliche Besucher, die sich partout nicht von einer Frau führen lassen wollen. Geben Sie dann sanfte Hinweise, und begleiten Sie Ihr Tun mit Worten wie »Bitte, treten Sie ein« oder »Es ist praktischer, wenn ich vorausgehe«.

Müssen Sie einen Aufzug benutzen, so lassen Sie den Gast zuerst ein- und auch wieder aussteigen. Auf der Treppe geht in der Regel die Dame vor dem Herrn hinauf und hinter dem Herrn hinunter. Dahinter steckt der Gedanke, dass der Herr dann die Dame auffangen kann, falls sie ins Stolpern gerät. Trotz hoher Absätze sind Damen jedoch nicht zwangsweise tollpatschiger als Herren. Deshalb gilt: Sind Sie die Gastgeberin, gehen Sie die Treppe hinter ihrem Gast hinauf und vor ihm hinunter.

Es kann aber auch sein, dass ein Mitarbeiter Ihrer Firma den Gast zu Ihnen ins Büro bringt. Bleiben Sie dann nicht hinter Ihrem Schreibtisch sitzen, sondern gehen Sie Ihrem Besucher entgegen. Denken Sie daran: »Entgegenkommen« hat zwei Bedeutungen. Von dem Maß, in dem Sie Ihrem Gast im wörtlichen Sinn entgegenkommen, kann dieser auf Ihr Entgegenkommen im übertragenen Sinn schließen. Stehen Sie also auf, begrüßen Sie Ihren Gast an der Bürotüre und schließen Sie die Türe selbst wieder. Nehmen Sie Ihrem Gast Jacke oder Mantel ab. Traditionell taten dies zwar nur die Herren, heute ist es jedoch üblich, dass auch Frauen Ihren männlichen – und weiblichen – Gästen die Garderobe abnehmen. Gehen Sie mit den Ihnen anvertrauten Gegenständen sorgfältig um. Niemals sollten Sie persönliche Gegenstände wie eine Aktentasche oder eine Handtasche anfassen, denn dies wäre ein Übergriff in den privaten Bereich – es sei denn, Ihr Besucher bittet Sie ausdrücklich, ihm die Tasche für einen kurzen Moment abzunehmen.

Bitten Sie Ihren Gast, Platz zu nehmen, bevor Sie sich selbst hinsetzen, und achten Sie darauf, dass sich Ihr Besucher an seinem Platz wohlfühlt. So sollte er die Türe im Blick haben, und auch die Sonne sollte ihn nicht unbedingt blenden. Übrigens: Bei einem Gespräch auf gleicher Ebene wirkt es für alle Beteiligten angenehmer, wenn sie sich nicht gegenüber, sondern über Eck sitzen. Bei mehr als zwei Beteiligten sind Sie an einem runden Tisch am besten aufgehoben.

Bei zwei gegenübersitzenden Personen entsteht schnell das unbewusste Gefühl einer Konfrontation. Mit der richtigen Platzwahl lässt sich das leicht vermeiden.

Denken Sie auch daran, dass Ihr Gast womöglich eine längere Anreise hinter sich hat, und halten Sie daher eine kleine Erfrischung bereit: Kaffee und Mineralwasser sind dabei die Grundausstattung, auch Fruchtsäfte werden gerne genommen. Dazu können Sie Kekse oder andere Snacks anbieten. Je nachdem, wann die Besprechung stattfindet und wie lange sie dauert, können Sie auch einen kleinen Imbiss organisieren – von belegten Brötchen über Canapés bis hin zu Fingerfood aller Art. Teilen Sie dies Ihren Gästen jedoch im Vorfeld mit, damit diese nicht vor dem Besuch noch einen Halt beim Italiener um die Ecke einplanen.

Ein Rundgang durch die Firma

Vielleicht möchten Ihre Gäste auch die Firma besichtigen, damit sie sich einen besseren Eindruck von den Arbeitsabläufen machen können. Wenn Sie eine solche Firmenbesichtigung anbieten, so informieren Sie im Vorfeld diejenigen Kollegen, bei denen Sie vorbeischauen. So können sich diese ebenfalls von ihrer besten Seite präsentieren und sich auf eventuelle Fragen der Besucher vorbereiten.

Übernehmen Sie die Führung selbst, sollten Sie vorab ebenfalls ein paar Informationen einholen, damit Sie wissen, was in den einzelnen Abteilungen genau getan wird.

Eine Firmenbesichtigung empfiehlt sich besonders bei Unternehmen, die etwas herstellen. Schleusen Sie Ihre Gäste jedoch nicht einfach so durch die Hallen, sondern planen Sie genügend Zeit für Zwischenfragen ein. Es macht sich auch immer gut, wenn die Besucher bei einfachen, sauberen und ungefährlichen Produktionsvorgängen selbst Hand anlegen dürfen. Stellt Ihr Unternehmen gar Nahrungsmittel oder Getränke her, so darf eine kleine Verkostung am Ende natürlich nicht fehlen.

Vielleicht gibt es in Ihrer Firma ja auch eine Imagebroschüre? Dann finden Sie hier alle nötigen Fakten und können zum Abschluss der Besichtigung noch jedem Gast eine Broschüre mitgeben.

Die Verabschiedung

Am Ende des Besuches begleiten Sie Ihre Gäste wieder zum Empfang. Verabschieden Sie sich mit einem Händedruck und ein paar netten Worten: »Auf Wiedersehen, Frau Schulze, es war schön, Sie einmal persönlich kennenzulernen. Ich freue mich schon auf unsere künftige Zusammenarbeit.« Achten Sie darauf, dass Sie sich auch wirklich von allen Gästen verabschieden und alle umstehenden Personen in Ihre Unterhaltung miteinbeziehen.

Das Geschäftsessen

Vielleicht steht zum Abschluss des Besuches ein Geschäftsessen auf dem Programm. Bei einer solchen Gelegenheit werden oft noch wichtige Dinge besprochen, und das Mahl kann sich durchaus in die Länge ziehen – es handelt sich also um weit mehr als »nur« eine Mahlzeit. Tragen Sie dem Rechnung, indem Sie ein gehobenes Restaurant auswählen. Reservieren Sie vorab, und bitten Sie um einen Tisch, an dem Sie möglichst ungestört sind, so dass Sie sich in Ruhe unterhalten können. Als Gastgeberin führen Sie die Gäste an den Tisch. Gegessen wird in der Regel à la carte, und auch ein Preisrahmen wird normalerweise nicht vorgegeben. Wenn Sie selbst ein Geschäftsessen organisieren, so informieren Sie die Gäste vorab über die Bezahlungsmodalitäten. In der Regel übernimmt die Firma, die zum Geschäftsessen lädt, die gesamten Kosten. Sollen die Getränke privat abgerechnet werden, teilen Sie dies rechtzeitig mit. Weitere Tipps rund um das Verhalten im Restaurant finden Sie im Kapitel »Einladungen und Restaurantbesuche« (Seite 107).

Der Umgang mit Visitenkarten

Der Austausch von Visitenkarten ist ein Ritual, das aus dem Berufsleben nicht mehr wegzudenken ist. Wann ist nun aber der richtige Zeitpunkt, um seine Visitenkarte zu überreichen? Am besten tun Sie dies bereits bei der Vorstellung, denn so hat Ihr Gesprächspartner die Möglichkeit, Ihren Namen noch einmal nachzulesen. Sie brauchen diesen Vorgang nicht groß zu kommentieren. Wenn Sie es mit einer ganzen Gruppe von Menschen zu tun haben, so geben Sie Ihre Karte zunächst demjenigen, der in der Hierarchie ganz oben steht. Besuchen Sie ein anderes Unternehmen, zum Beispiel als Kundin oder Lieferantin, so übergeben Sie Ihre Karte der Sekretärin oder dem zuständigen Sachbearbeiter.

Je nach Ihrer Position in der Firma werden Sie eigene Visitenkarten erhalten. In der Regel haben Sie bei deren Gestaltung kein Mitspracherecht, da diese vom Corporate Design des Unternehmens bestimmt wird. Haben Sie jedoch die Möglichkeit, Ihre Visitenkarten selbst zu gestalten, zum Beispiel weil Sie selbstständig sind, dann sollten folgende Informationen darauf enthalten sein:

- Vor- und Nachname, gegebenenfalls Titel, wenn Sie mit diesem angesprochen werden möchten
- Position oder Funktion im Unternehmen
- Abteilung, Firmenanschrift, Firmenlogo
- Telefonnummer mit Durchwahl
- Handynummer, falls es sich um ein Firmenhandy handelt
- Faxnummer
- E-Mail-Adresse und Internet-Adresse

Die Privatanschrift hat auf einer Firmenvisitenkarte nichts zu suchen. Sollten Sie diese einem Geschäftspartner unbedingt mitteilen wollen, so können Sie diese gerne handschriftlich hinzufügen, wenn Sie die Karte überreichen. Wer viel mit ausländischen Geschäftspartnern zu tun hat, sollte auch über eine Visitenkarte in der jeweiligen Landessprache oder zumindest auf Englisch verfügen.

Wenn Sie ein Seminar, eine Messe oder einen Kongress besuchen, werden Sie mit sehr vielen verschiedenen Menschen in Kontakt kommen und sicher etliche Visitenkarten austauschen. Denken Sie daher daran, immer ausreichend Karten mitzunehmen. Auch sollten Sie sich Notizen machen, um später all die Karten, die Sie bekommen haben, wieder den entsprechenden Gesichtern und Gesprächen zuordnen zu können. Nutzen Sie dazu einfach die Rückseite der jeweiligen Visitenkarte.

Und wie gehen Sie mit den Karten um, die man Ihnen überreicht? Stecken Sie sie nicht sofort ein, sondern werfen Sie einen kurzen Blick darauf, um sich rasch Namen und Position Ihres Gegenübers einzuprägen.

Gleichberechtigung am Arbeitsplatz

Männer und Frauen sind per Gesetz gleichgestellt, und niemand darf aufgrund seines Geschlechtes diskriminiert werden. Doch im Alltag – und besonders im Berufsleben – werden immer noch kleine, aber wichtige Unterschiede gemacht. So erhalten Frauen nach wie vor nicht die gleiche Bezahlung wie ihre männlichen Kollegen, Kinder gelten häufig als Karrierehindernis, und viele Arbeitgeber bevorzugen männliche Angestellte, da bei ihnen nicht die Gefahr besteht, dass sie sich in die Elternzeit verabschieden oder wegen eines kranken Kindes zu Hause bleiben. Darüber hinaus gelten Frauen immer noch als emotionaler und »weicher«, und das sind nicht unbedingt die Eigenschaften, die einer Karriere förderlich sind. Begeht ein Mann einen Fehler, so hat er sich eben geirrt. Macht hingegen eine Frau einen Fehler, liegt das oft ganz einfach daran, dass sie eine Frau ist. Tatsache ist: Frauen müssen härter kämpfen, um nach oben zu kommen, als die Herren der Schöpfung. Oft tragen wir aber auch selbst unseren Teil dazu bei: Wir können uns schlecht verkaufen und bringen nicht das nötige Selbstbewusstsein mit, um unsere Ansprüche durchzusetzen.

> *Frauen haben es in vielen Berufen leider auch heute noch oft schwerer. Bieten Sie Ihren männlichen Kollegen daher keine zusätzliche »Angriffsfläche«.*

Da Frauen und Männer auch heute im Berufsleben nach wie vor mit unterschiedlichen Voraussetzungen zu kämpfen haben, sollten Frauen einige weitere Dinge beachten, wenn sie Karriere machen wollen: Frauen in gehobenen Positionen befinden sich häufig in einer kniffligen Situation. Auf der einen Seite wollen sie nicht zu feminin wirken, auf der anderen Seite sollten sie jedoch auch nicht maskulin wirken, damit nicht der Eindruck entsteht, sie wollten sich anbiedern. Sie müssen also eine Balance zwischen erwünschten und unerwünschten »weiblichen« Verhaltensweisen finden. Am besten lösen Sie das Dilemma so: Überzeugen Sie durch Kompetenz, Charme (damit liegen Männer und Frauen nie falsch), ein korrektes Outfit, Sachlichkeit, Gelassenheit und vor allem Selbstbewusstsein. Und natürlich sollten auch Ihre beruflichen Leistungen für Sie sprechen.

Humor ist ebenfalls eine Eigenschaft, mit der man immer punkten kann. Frauen, die sich in einer Männerwelt bewegen, sehen sich jedoch oft mit Witzen und Sprüchen konfrontiert, die nicht unbedingt ihrem Geschmack entsprechen. Auch wenn Sie innerlich aufschreien, sollten Sie dieser Situation mit ein wenig Humor begegnen, denn sonst sind Sie schnell als »Emanze« verschrien – und kaum jemand ist bei Männern unbeliebter als dieses alte Schreckgespenst. Wenn Sie schlagfertig sind, kontern Sie mit einer witzigen Gegenbemerkung, die allerdings nicht unter die Gürtellinie zielen sollte. So ist Ihnen nichts anzukreiden, selbst wenn Sie sich über den Männerclub insgeheim noch so ärgern. Herabsetzen sollten Sie sich jedoch nicht lassen. Möchte ein gleichgestellter Kollege Sie zum Kaffeekochen abkommandieren oder Ihnen seine Verwaltungsarbeiten aufs Auge drücken, so weisen Sie ihn höflich, aber bestimmt darauf hin, dass Frauen nicht von Natur aus die besseren Kaffeeköchinnen sind und dass dies nicht Ihre Aufgabe ist.

Und mit noch einem Paradox haben wir Frauen zu kämpfen: Wenn ein Mann Gefühle zeigt, gilt er als sensibel und »menschlich«, wir Frauen dagegen als unbeherrscht und emotional. Wenn wir uns von unseren Gefühlen leiten lassen, so bestätigen wir ein uraltes weibliches Klischee: Wir sind den großen, wichtigen Aufgaben nicht gewachsen. Halten Sie daher Ihre Gefühle am Arbeitsplatz stets unter Kontrolle, um niemandem eine Angriffsfläche zu bieten.

Testen Sie sich selbst

Wenn Sie das vorangegangene Kapitel aufmerksam gelesen haben, fällt es Ihnen bestimmt nicht schwer, die folgenden Fragen mit Ja oder Nein zu beantworten

❶ Nehmen Sie beim Vorstellungsgespräch sofort Platz?

❷ Sie betreten einen Fahrstuhl, in dem schon ein paar Menschen versammelt sind. Grüßen Sie zuerst?

❸ Bei einer Besprechung sitzen Sie bereits, als Ihr Chef hereinkommt. Stehen Sie auf, um ihn zu begrüßen?

❹ Dürfen Sie bei einer E-Mail-Bewerbung Ihrer Kreativität freien Lauf lassen?

❺ Bleiben Sie auch am Tag nach der Weihnachtsfeier beim Du, das Ihnen Ihre Chefin angeboten hat?

❻ Halten Sie Ihrem Chef die Tür auf?

❼ Sollten Sie ab und zu mit Ihren Kollegen privat etwas unternehmen?

❽ Trinken Sie im Bewerbungsgespräch ein Glas Prosecco, wenn man es Ihnen anbietet?

❾ Dürfen Sie während einer Besprechung rauchen?

❿ Im Sommer gelten andere Kleidungsvorschriften, oder etwa nicht?

Lösung: Bei den Fragen Nr. 2, 3 und 7 sollten Sie mit »Ja« antworten, bei allen anderen Fragen heißt die Antwort »Nein«. Bei Frage 5 bleiben Sie nur beim »Du«, wenn Ihre Chefin dies ebenfalls tut.

Der gute Ton im Privatleben

Ob an der Supermarktkasse, im Wartezimmer oder in den eigenen vier Wänden – auch hier gelten gewisse Anstandsregeln.

Wie gehen wir mit Schwiegermüttern und anderen »schwierigen« Verwandten um? Wie klappt's mit dem Nachbarn? Und wie verhält man sich im Fall von Krankheit oder Tod? In unserem Alltag lauern jede Menge Fettnäpfchen, die es geschickt zu umgehen gilt, wenn wir beliebt sein und einen guten Eindruck machen wollen. Deshalb gibt das folgende Kapitel Antwort auf diese und noch viele weitere Fragen rund um Alltag und Privatleben.

Höflichkeit und Pünktlichkeit

Was »höflich« ist, wissen wir: Wir sagen »Bitte«, wenn wir etwas wollen, und bedanken uns, wenn wir etwas bekommen haben. Wir grüßen die Menschen, denen wir begegnen, und lächeln sie freundlich an. Die meisten von uns haben diese Gepflogenheiten so sehr verinnerlicht, dass sie damit keinerlei Probleme haben. In der Regel haben uns unsere Eltern vermittelt, was sich gehört und was nicht. Wie wichtig Höflichkeit ist, fällt uns meist erst dann auf, wenn jemand unhöflich ist. Allerdings ist diesen unhöflichen Menschen in der Regel gar nicht klar, wie sehr sie mit ihrem Verhalten anecken, denn auch sie haben ihre Verhaltensweisen verinnerlicht. So wird jemand, der im Privatleben eher ungehobelt ist, am Arbeitsplatz nur schwer auf Höflichkeit und Respekt »umschalten« können.

Zur Höflichkeit gehört jedoch noch ein wenig mehr als »Bitte« und »Danke«. Respektieren Sie die Privatsphäre Ihrer Mitmenschen, bohren Sie nicht mit Fragen nach, und wechseln Sie das Thema, wenn Sie merken, dass Ihrem Gesprächspartner bestimmte Dinge unangenehm sind. Tauchen Sie auch nicht unangemeldet bei Freunden und Bekannten auf, frei nach dem Motto: »Ich war gerade zufällig in der Gegend und dachte mir, ich schaue mal, ob ihr daheim seid.« Dadurch könnten sich die anderen gestört fühlen – Sie wissen ja nie, was diese gerade tun.

»Pünktlichkeit ist die Höflichkeit der Könige«, heißt ein Sprichwort, das leider oft in Vergessenheit gerät. Heute hat jeder ein Handy, wir können also schnell und unkompliziert Bescheid sagen, wenn wir uns wieder einmal verspätet haben. Der Angerufene weiß dann, was los ist, und muss sich keine Sorgen machen. Alles kein Problem, oder? Vorsicht: Wer jemanden warten lässt, verschwendet dessen Zeit – egal, ob er die Verspätung sofort mitteilt oder ihn uninformiert lässt. Damit zeigt er, dass er dessen Zeit nicht für wichtig hält und ihn nicht respektiert. Das ist übertrieben, finden Sie? Auf jeden Fall werden Sie den Wartenden verärgern. Das Handy und die damit verbundene ständige Erreichbarkeit sind keinesfalls Entschuldigungen, von nun an keine Verabredungen und Termine mehr einzuhalten.

> *Planen Sie kleine Zeitpuffer ein, um auch wirklich pünktlich zu sein. In der Innenstadt kann die Parkplatzsuche manchmal länger dauern, als Ihnen lieb ist.*

Natürlich kann es passieren, dass Sie sich tatsächlich einmal verspäten, ohne dass Sie irgendetwas dafür können. Sie stecken im Stau, der Zug oder die U-Bahn hat Verspätung, oder ein wichtiges Telefonat hat Sie aufgehalten. In diesem Fall sollten Sie die andere Person so schnell wie möglich über Ihre Verspätung informieren und ihr auch mitteilen, wann mit Ihrem Eintreffen zu rechnen ist. Übrigens: Pünktlichkeit gilt nicht nur bei Verabredungen, sondern auch bei anderen Terminen. Wenn Sie jemandem etwas zusagen, zum Beispiel einen Artikel für eine Hochzeitszeitung zu schreiben oder Fotos nachmachen zu lassen, so sollten Sie sich hier ebenfalls an den vereinbarten Termin halten, damit Sie die andere Person nicht in Schwierigkeiten bringen.

Wie pünktlich ist pünktlich?

Pünktlichkeit ist ein dehnbarer Begriff, doch grundsätzlich kann man sagen: Bei offiziellen Anlässen und Terminen sollten Sie auf die Minute pünktlich erscheinen, mehr als fünf Minuten Verspätung sind hier nicht akzeptabel. Dies gilt auch bei privaten Verabredungen ins Kino oder Theater sowie zu anderen Veranstaltungen, die eine feste Anfangszeit haben. Bei privaten Einladungen gilt ebenfalls Pünktlichkeit, es sei denn, es heißt »ab 19 Uhr«, zum Beispiel bei einem Grillfest. Doch auch dann sollten Sie nicht viel später als eine halbe Stunde nach Beginn erscheinen.

Also lieber zu früh? Wer viel zu früh dran ist, kann den anderen ebenso in Verlegenheit bringen wie notorische Zuspätkommer. Vielleicht sind Ihre Gastgeber ja noch nicht ganz mit den Vorbereitungen fertig, oder Ihre Begleitung ist noch nicht fertig gestylt? Mehr als fünf Minuten zu früh sollten Sie weder bei privaten noch bei offiziellen Anlässen eintreffen.

Flirt und andere zwischenmenschliche Beziehungen

Ein kleiner Flirt ab und an macht das Leben erst richtig lebenswert, oder etwa nicht? Flirten kann man immer und überall, und sei es »nur« mit dem netten Verkäufer in der Bäckerei. Ein kleiner Flirt steigert die Laune und das Selbstbewusstsein, doch auch hier gelten bestimmte Regeln. Die gute Nachricht für uns Frauen: Wir haben beim Flirten das Steuer in der Hand, wir bestimmen Geschwindigkeit und Ziel. Die Männer folgen uns nur. Ob ein Mann Interesse hat, merken wir meist sehr schnell. Will er jedoch absolut nichts von Ihnen wissen (zugegeben, das ist nur schwer vorstellbar), sollten Sie dies aber auch akzeptieren und ihn nicht weiter bedrängen.

Moderne Frauen haben oft ein Problem damit, sich von einem Mann helfen zu lassen, da sie nicht unselbstständig wirken wollen. Aber warum sollten Sie das Öffnen der Sektflasche eigentlich nicht dem attraktiven Herrn überlassen? Natürlich können Sie das auch, aber so haben Sie einen Grund, ihn anzusprechen, und wer weiß, wohin das führt. Auch wenn Sie sich von Ihrem männlichen Begleiter in den Mantel helfen lassen, zeugt das nicht von mangelnder Selbstständigkeit. Im Gegenteil: Es ist eine gute Möglichkeit, mit dem Objekt der Begierde ein wenig auf Tuchfühlung zu gehen ...

Das Date

Ihr Flirt war erfolgreich, und Sie haben nun ein Date mit dem netten Typ von der Party neulich. Ist er nicht nur nett, sondern auch ein Gentleman, wird er Ihnen die Wahl lassen, wo das Treffen stattfinden soll. Eine gute Idee ist eine Verabredung zum Kaffee, denn so ist ein zeitliches Limit gesetzt. Sollte der Mann nicht halten, was er zu versprechen schien, können Sie sich relativ schnell und ohne Gesichtsverlust für beide Seiten aus der Affäre ziehen. Ein Kinobesuch ist ebenfalls beliebt, doch sollten Sie den Film sorgfältig auswählen. Der nette Durchschnittsmann im Sitz neben Ihnen fühlt sich nämlich möglicherweise eingeschüchtert, wenn Sie den ganzen Abend nur Augen für Brad Pitt haben, und auch sehr romantische oder gar erotische Filme können für Verlegenheit auf beiden Seiten sorgen. Mit einer guten Komödie oder einem Oscargewinner liegen Sie dagegen in der Regel immer richtig. Eine Verabredung zum Essen ist ebenfalls beliebt, falls man vor Nervosität überhaupt etwas hinunterbekommt. Allerdings haben viele Frauen ein etwas gespaltenes Verhältnis zum Thema Essen. In der Öffentlichkeit soll nämlich niemand mitbekommen, dass sie tatsächlich Nahrung zu sich nehmen, und deshalb stochern sie dann den ganzen Abend lang in einem kleinen Salat ohne Dressing herum. Essen kann jedoch eine höchst sinnliche Angelegenheit sein. Wer sich hier zurückhält, signalisiert, dass er auch in anderen Bereichen nicht genießen kann. Doch so wichtig das Essen auch ist, vermeiden Sie an diesem Abend Knoblauch, Bohnen oder andere Speisen, die unangenehme Folgen haben können. Vielleicht haben Sie nach dem Essen ja noch etwas vor?

Kaum etwas sorgt in der Damenwelt für so große Empörung wie ein Mann, der bei einer Verabredung auf getrennte Rechnungen besteht. Es ist schon ein wenig paradox: Wir Frauen sind erfolgreich im Beruf, können ein Ikea-Regal zusammenbauen und sind auch sonst auf unsere Selbstständigkeit bedacht, aber bei einem Date wollen wir gefälligst eingeladen werden! Ist der Mann ein Gentleman, so weiß er dies und wird auch bereitwillig seine Brieftasche zücken. Besteht er auf getrennte Rechnungen, so heißt es abwägen: Bekommt er trotzdem eine zweite Chance?

Schmetterlinge im Bauch

Und nun ist es passiert: Aus dem kleinen, harmlosen Flirt wurde mehr, mit anderen Worten, es hat so richtig gefunkt. Ganz klar: Sie möchten nun die ganze Welt an Ihrem Glück teilhaben lassen. Ihre Freundinnen kennen sowieso schon jedes Detail des Geliebten, und auch der Rest der Welt soll wissen, dass Sie nun ein Paar sind. Ob im Kino, im Auto an der roten Ampel oder am Abend in der Kneipe mit Freunden – es wird geschmust und geknutscht, was das Zeug hält. Schließlich sollen alle sehen, wie glücklich Sie sind und dass dieser tolle Typ jetzt Ihnen gehört. Doch Küsse und andere Zärtlichkeiten in der Öffentlichkeit gehören nicht zum guten Ton. Auch wenn Sie es vielleicht nicht glauben wollen: Die Welt will das gar nicht sehen! Außerdem können Sie Menschen, die gerade an Liebeskummer leiden, mit diesem Verhalten sehr verletzen. Und auch Freunde fühlen sich leicht ausgeschlossen, wenn Sie bei einer gemeinsamen Unternehmung nur noch Augen füreinander haben. Können Sie in der ersten Zeit der Verliebtheit überhaupt nicht voneinander lassen, so bleiben Sie eben zu Hause.

Die liebe Familie: Schwiegermütter, Kinder und andere Verwandte

Verwandte kann man sich nicht aussuchen, und so wird man sich in den meisten Fällen wohl oder übel irgendwie mit ihnen arrangieren müssen. Eine Person, die uns

Frauen das Leben manchmal unnötig schwer macht, ist die Schwiegermutter. Mit jeder Bemerkung lässt sie uns spüren, dass wir nun ganz und gar nicht das sind, was sie sich für ihren Sohnemann gewünscht hat. Am liebsten würden wir ihr einmal ganz gehörig die Meinung sagen ... Doch auch wenn es Sie noch so sehr reizt, sollten Sie Ihre Schwiegermutter nicht unnötig provozieren und so ihre schlechte Meinung von Ihnen noch bestätigen. Ihre Schwiegermutter findet, Sie kleiden sich zu aufreizend? Dann treten Sie ihr das nächste Mal eben hochgeschlossen gegenüber. Sie glaubt, Sie hätten nur Ihren Job im Kopf? Dann sprechen Sie mit ihr ganz offen über Ihre Zukunftspläne. Versuchen Sie, zu dritt eine Möglichkeit zu finden, sich miteinander zu arrangieren. Lassen Sie nicht zu, dass Ihre Schwiegermutter einen Keil zwischen Sie und Ihren Liebsten treibt, aber versuchen Sie auch nicht, Ihren Partner von seiner Mutter zu entfremden, nach dem Motto: »Sie oder ich!« Damit bringen Sie ihn nämlich ganz schön in die Zwickmühle.

Anderen ungeliebten Verwandten werden Sie ein wenig besser aus dem Weg gehen können und ihnen nur bei großen Familienfesten begegnen. Grundsätzlich gilt: Selbst wenn Ihnen Onkel Horst mit seinen anzüglichen Witzen gehörig auf die Nerven geht, behandeln Sie jedes Familienmitglied so, wie Sie selbst gerne behandelt werden möchten. In der Regel werden Sie diese Personen nicht allzu häufig sehen, und vielleicht können Sie ja ein paarmal im Jahr gute Miene zum bösen Spiel machen.

Die lieben Kleinen

Wie man Kinder erzieht, ist nicht Thema dieses Buches – dazu gibt es jede Menge pädagogisch fundierte Erziehungsratgeber. Doch kommt Ihnen das folgende Problem bekannt vor? Sie mögen Ihre Schwester wirklich gerne, doch von Kindererziehung hat sie keine Ahnung. Wenn sie mit ihren drei kleinen Rackern bei Ihnen zu Besuch ist, steht danach kein Stein mehr auf dem anderen. Ihre Wohnung sieht aus wie ein Tollhaus, und Sie sind mit Ihren Nerven völlig am Ende. Doch wenn Sie Ihre Schwester darauf ansprechen, heißt es nur: »Warte nur, bis du selbst mal Kinder hast, dann siehst du das ganz anders!« Was tun? Sich in die Erziehung anderer Menschen einzumischen gehört sich nicht, und den Kontakt zur Schwester wollen Sie auch nicht abbrechen. Die Lösung: Machen Sie Ihre Wohnung vor dem Besuch kindersicher. Räumen Sie alle Sachen weg, die leicht kaputtgehen oder schmutzig werden können, und sperren Sie die Zimmer ab, die die Kinder nicht betreten sollen. Oder versuchen Sie, Ihre Schwester in Situationen zu treffen, bei denen die Kinder nicht anwesend sind. Verabreden Sie sich zu einem Einkaufsbummel, zum Joggen oder in einem Café …

Auf ein gutes Zusammenleben: Die Nachbarn

Es ist Ihre Traumwohnung. Größe, Schnitt, Lage und Preis – alles passt, aber leider ist Ihre Nachbarin Else Klings heimliche Zwillingsschwester. Das Ende vom Lied: Nach einem Jahr haben Sie genug von den ständigen Nörgeleien und sind wieder auf Wohnungssuche. Seine Nachbarn kann man sich nun mal genauso wenig aussuchen wie Verwandte, und wohin ein schlechtes Nachbarschaftsverhältnis führen kann, sehen wir fast täglich in der Zeitung oder in diversen Boulevardmagazinen. Gegen einen wahren Hausdrachen ist leider kein Kraut gewachsen, aber Sie können sein Feuer zumindest ein wenig abkühlen, wenn Sie sich von vornherein um ein gutnachbarliches Verhältnis bemühen. Wer sich mit seinen Nachbarn gutstellt, kann im Notfall auf sie zählen – nicht nur, wenn einem der Zucker ausgegangen ist.

Wer neu in ein Haus oder eine Wohnung einzieht, sollte sich seinen neuen Nachbarn erst einmal vorstellen. In einem Mietshaus brauchen Sie dabei keine Runde durch das ganze Haus zu drehen, es genügt, wenn Sie sich bei den Parteien vorstellen, die auf Ihrer Etage wohnen. Diese Gelegenheit können Sie gleich auch dazu nutzen, sich für Lärm zu entschuldigen, der in Zusammenhang mit Ihrem Einzug entsteht: »Guten Tag, ich bin Sabine Schmidt, Ihre neue Nachbarin. Wir sind mit dem Renovieren noch nicht ganz fertig, es kann also sein, dass es ab und zu noch ein wenig laut wird.« Dann wird sich auch niemand beschweren, wenn in den nächsten Tagen hin und wieder einmal die Bohrmaschine surrt – vorausgesetzt, Sie halten sich an die offiziellen Arbeitszeiten: Also kein Hämmern nach 22 Uhr und vor 8 Uhr. Sonntags bleibt der Werkzeugkasten ganz geschlossen.

Was lärmt denn da?

Lärm ist einer der häufigsten Streitpunkte bei Nachbarschaftsproblemen. Gerade in Wohnanlagen, in denen viele Parteien neben- und übereinander wohnen, bekommt man oft mehr mit, als man eigentlich möchte. Geben Sie Ihren Nachbarn keinen Anlass, sich über Sie zu beschweren. Stellen Sie Ihre Musik auf Zimmerlautstärke, und verlegen Sie Renovierungsarbeiten nicht gerade in die frühen Morgenstunden. Nehmen Sie generell Rücksicht auf Ihre Nachbarn, und zeigen Sie Toleranz, dann wird man auch Ihnen freundlich begegnen.

Die zahlreichen Nachbarschaftsstreitigkeiten haben dafür gesorgt, dass heute genau geregelt ist, wann man duschen darf (immer, denn es gibt schließlich auch Schichtarbeiter, die auf ihre Sauberkeit achten wollen) und wie lange Lumpi bellen darf (10 Minuten am Stück, aber insgesamt nicht mehr als 30 Minuten pro Tag, und das auch nur außerhalb der Ruhezeiten). Doch wie Sie das Ihrem Hund beibringen, hat das Gericht leider nicht gesagt.

Vermeiden Sie unnötigen Lärm. Müssen Sie die Waschmaschine noch nachts um 22 Uhr laufen lassen, oder kann die Wäsche bis morgen früh warten?

Hartnäckig hält sich auch das Gerücht, dass man ein- oder zweimal im Jahr nach Herzenslust feiern dürfe, ohne Rücksicht auf Verluste. Doch leider ist dies tatsächlich nur ein Gerücht, ein verbrieftes »Recht auf Party« gibt es nicht. Was also tun, wenn es einmal ein wenig lauter werden sollte? Sagen Sie Ihren Nachbarn auf jeden Fall rechtzeitig Bescheid, so haben diese noch die Chance, die Flucht zu ergreifen. Auch ein kleines »Bestechungsgeschenk« wie eine Flasche Wein oder ein Blumenstrauß hat schon so manche Wogen geglättet. Das Beste ist natürlich, wenn Sie die Nachbarn auch gleich noch zu Ihrer Party einladen. Wer weiß, vielleicht sind sie ja sogar ganz nett? Ansonsten gilt: Musik darf ab 22 Uhr nur noch in Zimmerlautstärke laufen, sonst kann der Nachbar die Polizei wegen Ruhestörung rufen – auch wenn Sie Ihre Party hundertmal vorher angekündigt haben.

Bello, Mieze & Co.

Ob nun Kater Felix seine Häufchen in Nachbars Garten setzt oder Boxer Lumpi die Umgebung mit lautem Gekläffe terrorisiert – über Haustiere wird ebenfalls gerne und häufig gestritten. Tierhalter sollten daher immer darauf achten, dass ihr Liebling niemanden belästigt. Verwechselt Ihr Kater tatsächlich den Sandkasten Ihres Nachbarn mit seinem Katzenklo, so können Sie beispielsweise anbieten, den Sandkasten regelmäßig zu reinigen und die Häufchen zu entfernen. Respektieren Sie auch, dass andere Menschen vielleicht Angst vor Ihrem Hund haben, selbst wenn Ihr Bernhardiner die Sanftheit in Person ist. »Ach, der tut schon nichts!«, hört man dann immer wieder, doch vergessen Sie nicht, dass andere Ihr Tier nicht kennen und sich deshalb unsicher fühlen. Bringen Sie Ihren Hund auch nicht einfach so zu Einladungen mit, sondern fragen Sie vorher, ob Sie dies dürfen. Und akzeptieren Sie, wenn Ihre Gastgeber keine Hundefreunde sind.

Was tun im Konfliktfall?

Leider kann es auch vorkommen, dass Sie die Nettigkeit und Freundlichkeit in Person sind und Ihnen Ihr Nachbar trotzdem das Leben zur Hölle macht. Wie reagieren Sie darauf? Keinesfalls sollten Sie Gleiches mit Gleichem vergelten, sondern zunächst einmal versuchen, ein ruhiges Gespräch mit dem Nachbarn zu führen. Vielleicht weiß er gar nicht, dass Sie sich durch ein bestimmtes Verhalten gestört fühlen. Versuchen Sie, einen Kompromiss zu finden, der beide Seiten einigermaßen zufriedenstellt. Das Gericht sollten Sie nur bemühen, wenn Sie absolut keinen anderen Ausweg mehr sehen. Allerdings müssen Sie dann auch in Kauf nehmen, dass das nachbarliche Verhältnis dadurch so zerrüttet wird, dass es vermutlich auch danach immer wieder Reibereien geben wird.

In der Öffentlichkeit

Sobald wir unsere eigenen vier Wände verlassen, bekommen wir es mit anderen Menschen zu tun. Und leider können wir uns nicht aussuchen, wer in der Schlange im Supermarkt vor uns steht oder neben uns im Bus sitzt. Mit vielen dieser Menschen haben wir nur flüchtig zu tun und sehen sie vermutlich nie wieder. Also ist es doch eigentlich egal, wie wir uns ihnen gegenüber benehmen, oder? Leider nicht, liebe Leserinnen, auch in der Öffentlichkeit gelten bestimmte Benimmregeln.

Im Supermarkt und in anderen Geschäften

Die Schlange an der Kasse will mal wieder kein Ende nehmen, und Ihre Geduld wird auf eine harte Probe gestellt? Dann machen Sie sich bitte Folgendes klar: Sie sind nicht die Einzige, der diese Situation auf die Nerven geht, schließlich wartet niemand gerne an der Kasse. Und auch wenn Sie am liebsten explodieren möchten – die Mitarbeiter im Supermarkt können auch nichts dafür. Lassen Sie Ihre Wut also nicht an ihnen aus, Sie werden durch einen Meckeranfall nichts ändern.

Als Kunde sind Sie zwar König, aber kein Diktator. Deshalb sollten Sie das Verkaufspersonal auch nicht wie Ihre Untertanen behandeln.

Vor dem Wochenende kann es schon mal sein, dass der Einkaufswagen bis an den Rand gefüllt ist. Steht dann jemand hinter Ihnen an der Kasse, der vielleicht nur schnell ein Stück Butter kaufen möchte, fällt Ihnen bestimmt kein Zacken aus der Krone, wenn Sie diese Person vorlassen. Auf die halbe Minute kommt es nun auch nicht mehr an. In der umgekehrten Situation – wenn Sie nur ein oder zwei Dinge kaufen wollen und vor Ihnen jemand mit einem Großeinkauf steht – sollten Sie ihn mit einem Lächeln fragen, ob Sie sich »vordrängeln« dürfen. Es zeugt nicht von gutem Stil, sich einfach nach vorne zu schieben, mit der Begründung »Ich habe ja sowieso nur zwei Teile«.

Eine Kundin verlangt nicht einfach etwas, sondern bittet darum. Bringen Sie dies auch zum Ausdruck.

Theater, Kino & Co.

Die Kleidungsvorschriften für Theater- oder Opernbesuche haben sich heute etwas gelockert. Vorbei sind die Zeiten, als man im Smoking oder Abendkleid ins Theater ging. Nur bei Premieren ist nach wie vor förmliche Kleidung gefragt. Trotzdem sollten Sie nicht unbedingt im Schlabberlook ins Theater gehen, denn schließlich drücken Sie mit Ihrer Kleidung immer auch Respekt gegenüber den Künstlern aus.

Bei Theaterbesuchen ist Pünktlichkeit besonders wichtig. Wenn Sie zu spät kommen, scheuchen Sie nicht nur andere Besucher aus ihren Sitzen, sondern bringen auch Unruhe in den Saal, die wiederum die Schauspieler stört. In vielen Theatern ist es daher üblich, dass Zuspätkommer nicht mehr eingelassen werden, sondern erst am Ende des ersten Aktes oder während einer anderen Unterbrechung den Saal betreten dürfen. Achten Sie daher besonders darauf, rechtzeitig zu erscheinen. Sollten Sie trotzdem zu spät dran sein, so akzeptieren Sie, dass man Sie nicht mehr einlässt – auch wenn die Karten noch so teuer waren.

Störende Nebengeräusche sollten Sie in Theater, Oper und Konzert möglichst vermeiden, um nicht das Hörvergnügen der anderen Zuschauer zu beeinträchtigen. Wer mit einer Erkältung geschlagen ist, sollte auf das kulturelle Erlebnis lieber verzichten und nicht etwa durch ständiges Husten oder Schnäuzen seine Anwesenheit im Konzertsaal kundtun. Dies kommt nicht nur dem restlichen Publikum zugute, sondern auch Ihnen selbst: Sie können sich so nämlich zu Hause auskurieren.

Im Theater applaudiert das Publikum normalerweise nach jedem Akt. War eine Szene besonders gelungen, so kann es auch Szenenapplaus geben. Wenn Sie unsicher sind, richten Sie sich einfach nach den anderen Zuschauern. Bei klassischen Konzerten applaudiert man erst am Ende der Sinfonie. Klatscht das Publikum zwischendurch, zum Beispiel nach einzelnen Sätzen, kann dies das Orchester irritieren.

Sind Sie doch einmal zu spät dran, so schlängeln Sie sich mit dem Gesicht zu den bereits Anwesenden zu Ihrem Platz durch und entschuldigen sich.

Im Kino gibt es keine Kleiderordnung, und wenn Sie einmal zu spät kommen, werden Sie auch noch mitten im Film eingelassen. Trotzdem werden sich die anderen Zuschauer nicht gerade freuen, wenn sie Ihretwegen aufstehen müssen oder der Blick auf die Leinwand durch Ihre Lockenpracht beeinträchtigt wird. Und auch wenn es im Kino manch leckeren Snack gibt, sollten Sie während des Hauptfilms nicht mit der Chipstüte oder dem Popcorn rascheln. Viele Menschen vergessen, dass sie sich nicht in ihrem Wohnzimmer befinden, sondern in einem Kinosaal. Da wird ungeniert die Figur des Hauptdarstellers kommentiert oder die Pointe vorweggenommen: »Pass auf, jetzt macht er gleich ...« Die anderen Besucher interessieren diese Bemerkungen nicht, und eine ständig schwätzende Nachbarin hat schon so manchem Filmfreund die Vorstellung vermiest. Wenn Sie unbedingt den ganzen Film kommentieren möchten, so machen Sie lieber einen Videoabend auf der Couch.

Dass das Mobiltelefon während der Kino- oder Theatervorstellung ausgeschaltet bleibt, versteht sich von selbst. Wenn Sie Ärztin in Bereitschaft sind und daher unbedingt erreichbar sein müssen, sollten Sie Ihren Kinobesuch lieber auf einen Abend verlegen, an dem Sie den Film auch genießen können.

Im Wartezimmer

Ab und zu erwischt es uns alle einmal. Wir sind krank und müssen zum Arzt gehen. Lassen Sie sich grundsätzlich einen Termin geben, den Sie dann auch exakt einhalten, damit Sie nicht den Zeitplan des Arztes durcheinanderbringen und andere Ihretwegen warten müssen. Können Sie den Termin nicht wahrnehmen – oder geht es Ihnen plötzlich besser –, so sagen Sie ihn ab. Dann kann Ihr Arzt einen anderen Patienten vorziehen. Nur im absoluten Notfall dürfen Sie auch unangemeldet einen Arzt aufsuchen.

Im Wartezimmer grüßen Sie die anderen Patienten und nehmen Platz, bis Sie aufgerufen werden. Und auch wenn es Ihnen noch so schlecht geht, sollten Sie vor dem Arztbesuch noch schnell unter die Dusche springen und sich frische Kleidung anziehen. Ärzte sind zwar meist hart im Nehmen, aber man muss sie ja nicht noch zusätzlich durch Körpergerüche belästigen.

Im Straßenverkehr

Auf vier Rädern werden viele eigentlich ganz normale Menschen zu kleinen Rambos. Dass die Straßenverkehrsordnung jedoch durchaus ihren Sinn hat, dürfte Ihnen einleuchten. Nehmen Sie als Autofahrerin immer Rücksicht auf Schwächere, also vor allem auf Fußgänger und Radfahrer. Ansonsten sind wir Frauen in der glücklichen Lage, dass wir uns im Straßenverkehr in der Regel nichts beweisen müssen und ein Auto als fahrbaren Untersatz betrachten und als nichts anderes. In Bussen und anderen öffentlichen Verkehrsmitteln gehört es sich, erst die anderen Fahrgäste aussteigen zu lassen, bevor man selbst einsteigt. Wenn der Wagen voll besetzt ist, bieten Sie Ihren Sitzplatz älteren Menschen, Behinderten oder Schwangeren an. Auf die Behindertensitze dürfen Sie sich zwar setzen, kommt jedoch jemand, der den Platz benötigt, müssen Sie ungefragt aufstehen. Nach einem erfolgreichen Einkaufsbummel sollten Sie auch nicht den Sitzplatz neben sich mit Ihren Schätzen blockieren. Nehmen Sie die Tüten lieber auf den Schoß oder stellen Sie diese zwischen die Beine. Musik sollten Sie in öffentlichen Verkehrsmitteln nur so hören, das Sie niemanden damit belästigen.

Der Krankenbesuch

Besuche im Krankenhaus sind immer unangenehm: der Geruch, die vielen weißen Kittel, und dann geht es dem Patienten vielleicht auch noch wirklich schlecht ... Trotzdem wird er sich über ein paar aufmunternde Worte und aufrichtige Anteilnahme freuen, scheuen Sie sich also nicht vor einem Krankenbesuch. Strenge Besuchszeiten gibt es heute in vielen Krankenhäusern nicht mehr. Erkundigen Sie sich trotzdem vorher beim Partner des Patienten oder anderen nahen Verwandten, wann die beste Zeit für einen Besuch ist. Vielleicht können Sie den Kranken auch selbst anrufen und ihn fragen, wann es ihm passt. Wenn zu viele Menschen auf einmal im Krankenzimmer herumwuseln, ist dies für den Patienten sehr anstrengend, während ihm zu einem anderen Zeitpunkt vielleicht langweilig ist. Behalten Sie den Gesundheitszustand des Patienten im Auge. Frischoperierte sollten Sie nicht zu lange beanspruchen.

Sich vorher anzumelden gehört sich insbesondere nach einer Geburt. Selbst wenn Sie noch so neugierig auf den neuen Erdenbürger sind, sollten Sie respektieren, dass Mutter und Kind jetzt viel Ruhe brauchen und auch viel Zeit mit dem Vater verbringen möchten, um sich aneinander zu gewöhnen. Auch die Essenszeiten und die Zeiten der Visite sind für Besuche generell ungeeignet.

Eine kleine Aufmerksamkeit möchte man dem oder der Kranken auch gerne mitbringen, aber was? Blumen bekommt der Patient meist in Hülle und Fülle, und Süßigkeiten oder Pralinen können den Diätplan durcheinanderbringen. Besser geeignet sind Zeitschriften, Bücher oder Hörbücher, allerdings keine allzu schwere Kost.

Smalltalk am Krankenbett

Das Krankenzimmer ist wohl der einzige Ort, an dem man auf die Frage »Wie geht es dir?« eine detaillierte Antwort erwartet und eine detaillierte Leidensgeschichte zu hören bekommt. Für den Kranken ist es wichtig, dass er über seine Beschwerden und Gefühle sprechen kann, schließlich beschäftigt er sich zurzeit mit nichts anderem. Reagieren Sie rücksichtsvoll, und lenken Sie nicht vom Thema ab, auch wenn es Ihnen noch so unangenehm ist. Nehmen Sie die Leiden des Patienten ernst, und versuchen Sie nicht, ihn mit Worten wie »Das wird schon wieder« zu beschwichtigen. Auch Geschichten von Leuten, denen es noch viel schlechter geht, sind hier nicht angebracht. Bieten Sie dem Patienten stattdessen lieber Ihre Hilfe an, und fragen Sie, was Sie in dieser Situation für ihn tun können.

> *Mit einem Krankenbesuch zeigen Sie, dass Sie am Leben des Patienten Anteil nehmen. Bringen Sie dies in Ihrem Verhalten zum Ausdruck.*

Überlassen Sie dem Kranken die Regie im Gespräch. Wenn er von seinen Leiden erzählen möchte, so hören Sie ihm zu. Stellt er dagegen Fragen nach Ihrem Befinden oder erkundigt sich nach Ihrem Job oder Ihrer Familie, so antworten Sie – aber ohne zu jammern oder von Ihren eigenen Problemen zu sprechen. Erzählen Sie lieber etwas Amüsantes oder eine Anekdote, um den Patienten etwas aufzuheitern. Versuchen Sie, zu erspüren, was der Kranke hören möchte, und richten Sie sich danach.

Taktgefühl im Trauerfall

Der Tod ist in unserer Gesellschaft nach wie vor ein Tabuthema, mit dem sich niemand gerne auseinandersetzt. Bei einem Todesfall in der Familie oder im Bekanntenkreis herrscht daher oft große Unsicherheit, wie man den Trauernden nun begegnet. Wir fühlen uns unsicher, haben Angst, etwas falsch zu machen und mit einer unbedachten Geste oder Bemerkung einen Gefühlsausbruch zu provozieren, mit dem wir dann nicht umgehen können. In einem Trauerfall ist viel Taktgefühl gefordert. Wie Sie den Trauernden begegnen, hängt auch davon ab, wie eng Ihr Verhältnis zu dem oder der Verstorbenen war.

Erhalten Sie eine schriftliche Benachrichtigung über einen Todesfall, so antworten Sie innerhalb einer Woche mit einem Kondolenzbrief. Verwenden Sie dabei neutrales weißes Papier, keinen Briefbogen mit schwarzem Rand, denn das ist dem Trauerhaus vorbehalten. Der Umschlag sollte jedoch durchaus einen schwarzen Rand haben. Versuchen Sie, persönliche Worte zu finden, um dem Andenken des Verstorbenen gerecht zu werden.

Wenn Sie den Hinterbliebenen nahestehen, so dürfen Sie gerne nachfragen, ob Sie etwas helfen können. In anderen Fällen sollten Sie eher Abstand zu den Trauernden halten. Bei der Trauerfeier schütteln Sie den Hinterbliebenen die Hand und sagen etwas Mitfühlendes oder Persönliches. Ein »Herzliches Beileid« wirkt zu unpersönlich und floskelhaft, Bemerkungen wie »Es war besser so« oder »Es wird schon wieder« sind unpassend und taktlos. In vielen Traueranzeigen findet sich auch die Bitte, man möge von Beileidsbekundungen am Grabe Abstand nehmen – respektieren Sie diesen Wunsch.

Wer einen Kranz oder ein Blumengebinde auf das Grab des Verstorbenen legen möchte, sollte den Blumenschmuck direkt von der Gärtnerei zum Friedhof schicken lassen – dies ist am unkompliziertesten. Heften Sie eine Trauerkarte daran, auf der Sie handschriftlich noch einmal Ihr Beileid bekunden. Sträuße, die Sie ins offene Grab werfen wollen, dürfen höchstens aus fünf Blumen bestehen. Keinesfalls gehört es sich, mit einem Kranz oder Gebinde im Trauerhaus aufzutauchen.

Tragen Sie bei einer Beerdigung dunkle Kleidung, und fallen Sie nicht durch laute Unterhaltung oder gar Lachen auf.

Selbst wenn Sie wissen, dass der Verstorbene nicht viel auf Konventionen gab und sich vielleicht eine ganz andere Beerdigung oder Trauerfeier vorgestellt hätte, sollten Sie die Wünsche der Angehörigen respektieren. Sie können ja später am Tag noch einmal alleine wiederkommen und auf Ihre Art Abschied nehmen.

Früher war es üblich, alle Trauergäste nach der Beisetzung zum Leichenschmaus zu laden, zum Beispiel in ein Gasthaus oder zu Angehörigen nach Hause. Heute muss das Essen nicht mehr allzu üppig ausfallen, ein kleiner Imbiss genügt. Der Leichenschmaus dient dem Gedenken an den Toten, zeigt jedoch gleichzeitig, dass das Leben weitergehen muss. Für die Trauergäste bedeutet dies oft eine schwierige Gratwanderung: Zwar fällt nun eine gewisse Anspannung von ihnen ab, doch sollte man trotzdem nicht zu ausgelassen werden, denn dies schmerzt die nahen Verwandten. Finden Sie hier das richtige Maß.

Nach der Beerdigung geht das Leben scheinbar wieder seinen gewohnten Gang, doch für die Hinterbliebenen beginnt nun oft die schwierigste Zeit. Sie müssen lernen, ohne den Verstorbenen auszukommen und ihr Leben neu zu ordnen. Dass dies ein langwieriger Prozess ist, dürfte jedem klar sein. Zeigen Sie viel Einfühlungsvermögen, und bieten Sie den Angehörigen Ihre Hilfe an. Vor Floskeln wie »Das Leben geht weiter« oder »Du musst doch jetzt nach vorne schauen« sollten Sie sich hüten – Sie können die Gefühle der Hinterbliebenen nicht nachvollziehen. Viele Menschen legen im Umgang mit Trauernden auch eine krampfhafte Fröhlichkeit an den Tag, um diese auf andere Gedanken zu bringen. Der oder die Verstorbene wird nicht erwähnt, aus Angst, die Wunde wieder aufzureißen. Für manche Menschen ist diese gut gemeinte Rücksichtnahme oft besonders schlimm, denn sie bekommen so das Gefühl, der Verstorbene wäre schon vergessen. Sprechen Sie mit den Hinterbliebenen über den verlorenen Menschen, teilen Sie Erinnerungen, wenn möglich mit viel Takt oder auch Humor. So zeigen Sie, dass Sie das Andenken an den geliebten Menschen lebendig halten.

Testen Sie sich selbst

Wenn Sie das vorangegangene Kapitel aufmerksam gelesen haben, fällt es Ihnen bestimmt nicht schwer, die folgenden Fragen mit Ja oder Nein zu beantworten

❶ Dürfen Sie sich jederzeit verspäten, wenn Sie per Handy Bescheid geben?

❷ Sollten Sie bei einer privaten Einladung eine Viertelstunde zu früh erscheinen?

❸ Ihre Freundin hat ja keine Ahnung von Kindererziehung. Mischen Sie sich ein?

❹ Einmal im Jahr dürfen Sie eine Party feiern – egal, wie lange sie dauert.

❺ Klatschen Sie bei einem Theaterstück nach jedem Akt?

❻ Sollten Sie einen Kranz ins Trauerhaus schicken?

❼ Sollten Sie Ihrem Partner auch in aller Öffentlichkeit zeigen, wie sehr Sie ihn lieben?

❽ Dürfen Sie als Patient einem Besucher Ihre Leidensgeschichte erzählen?

❾ Dürfen Sie Ihren Chihuahua mit zum Abendessen bei Freunden bringen? Er ist schließlich so klein und stört bestimmt niemanden!

❿ Ihre Schwiegermutter macht Ihnen das Leben zur Hölle – zahlen Sie es ihr mit gleicher Münze zurück?

Lösung: Bei den Fragen Nr. 5 und 8 sollten Sie mit »Ja« antworten, bei allen anderen Fragen heißt die Antwort »Nein«.

Kommunikation mit Stil

Der Ton macht die Musik – wer stilvoll und erfolgreich kommunizieren will, sollte sich daher nicht im Ton vergreifen.

»Wie man in den Wald hineinruft, so schallt es heraus«, heißt ein altes Sprichwort. Mit anderen Worten: Die Art und Weise, wie wir kommunizieren, beeinflusst das, was dabei herauskommt. Überlegen Sie also stets genau, was Sie sagen, und vor allem, wie Sie es sagen. Wenn Sie am Telefon, in Briefen, Faxen und E-Mails den richtigen Ton treffen und sich an die allgemeinen Höflichkeitsregeln halten, haben Sie eine größere Chance, mit Ihrem Anliegen erfolgreich zu sein. Wie Sie stilvoll kommunizieren, erfahren Sie in diesem Kapitel.

Anrede und Begrüßung

Im Normalfall bereitet die Anrede keine größeren Schwierigkeiten: Herren werden mit »Herr«, Damen mit »Frau« angesprochen. Die Anrede »Fräulein« gilt als veraltet und wird heute nicht mehr verwendet. Kompliziert wird es jedoch immer dann, wenn Titel ins Spiel kommen. Gerade bei Menschen, die viel Wert auf ihren Titel legen, kann man hier leicht ins Fettnäpfchen treten. Die wichtigsten Regeln sind:

- Akademische Grade werden zusammen mit dem Namen genannt, also zum Beispiel »Frau Dr. Müller«. Als »Herr Doktor« wird nur ein Arzt angesprochen, die Zahnarztfrau ist allerdings keine »Frau Doktor«, auch wenn sie den Titel ihres Mannes noch so wichtig findet.
- Weglassen dürfen Sie einen Titel in der Anrede nur, wenn es Ihnen der Titelträger ausdrücklich erlaubt.
- Bei Titelhäufungen wird in der Anrede nur der höchste Titel genannt. Prof. Dr. Dr. Huber wird also »Herr Professor Huber«.
- Adelsprädikate sind Teil des Namens und werden daher auch genannt, allerdings ohne ein zusätzliches »Herr« oder »Frau«. Gräfin Hildegard von Schmutterberg wird also zu »Gräfin Schmutterberg« oder auch nur zu »Gräfin«.
- Niedere Adelsprädikate wie Freiherr/-frau oder Baron/-in werden nicht genannt. Hier lautet die korrekte Anrede »Herr von Schönburg«.
- Träger politischer oder religiöser Ämter werden mit Ihrer Amtsbezeichnung angesprochen, also zum Beispiel »Herr Bürgermeister« oder »Frau Bundeskanzlerin«.
- Geistliche müssen nicht mehr mit »Hochwürden« angesprochen werden, heute sagt man eher »Herr Pfarrer« oder »Herr Bischof«. Auch »Eure Exzellenz« (für Bischöfe) und »Eure Eminenz« (für Kardinäle) sind überholt. Sollten Sie es jedoch einmal mit dem Papst zu tun bekom-

men, lautet die korrekte Anrede »Heiliger Vater« oder »Eure Heiligkeit«, keinesfalls jedoch »Herr Papst«.

Bei der schriftlichen Korrespondenz gelten darüber hinaus folgende Regeln:

- Im Adressfeld wird bei Eheleuten immer der Name des Mannes zuerst genannt, also zum Beispiel »Herrn Andreas Müller und Frau Sabine Müller« oder »Herr Andreas und Frau Sabine Müller«. In der Anrede selbst steht dann allerdings die Frau an erster Stelle, also »Sehr geehrte Frau Müller, sehr geehrter Herr Müller« oder »Liebe Sabine, lieber Andreas«.
- Trägt jemand mehrere Titel, so werden diese nur im Adressfeld vollständig aufgelistet. In der Anrede steht wiederum nur der höchste Titel.

Grüß Gott, Guten Tag und Hallo

In folgenden Situationen ist es höflich, zu grüßen:

- beim Betreten und Verlassen eines Zugabteils
- in Großraumwagen den Sitznachbarn
- den Bus- oder Straßenbahnfahrer, wenn der Bus nicht zu voll ist und Sie vorne einsteigen
- beim Einsteigen ins Flugzeug die Flugbegleiter und die unmittelbaren Sitznachbarn
- beim Betreten eines Geschäftes oder Lokals
- beim Betreten des Wartezimmers eines Arztes

Bussi Bussi

Wie sieht es heute mit dem Handkuss aus? Als Dame kommen Sie zwar nicht in die Verlegenheit, jemandem die Hand küssen zu müssen, doch sollten Sie auch nicht erschreckt zurückzucken, wenn jemand Ihre Hand zum Kuss ergreift, oder dem Herrn gar einen Kinnhaken verpassen. In welchen Situationen aber ist nun mit einem Handkuss zu rechnen? Grundsätzlich gilt: Der Handkuss ist eleganten Anlässen und geschlossenen Räumen vorbehalten. In der Oper, bei Abendveranstaltungen oder Ähnlichem kann es also durchaus passieren, dass Sie auch heute noch mit einem Handkuss begrüßt werden. Wenn Sie einen solchen erwarten, so machen Sie Ihre Hand frei (auch von Seidenhandschuhen), denn ein Handkuss darf nur über nackter Haut angedeutet werden. Reichen Sie dem Herrn Ihre rechte, schlaffe Hand, und überlassen Sie ihm dann Ihre entspannten Fingerspitzen. Allerdings müssen Sie auch damit rechnen, dass der betreffende Herr damit nichts anzufangen weiß. Um solche Peinlichkeiten zu vermeiden, empfiehlt sich stattdessen der gute alte Händedruck!

Auch einen Händedruck kann man üben: Er sollte nicht zu schlaff ausfallen, sondern sanft und bestimmt sein.

Eine weitere Form der Begrüßung, die heutzutage überholt ist, ist der Knicks. Diesen fordert das Protokoll nur noch, wenn Sie es mit Mitgliedern eines Herrscherhauses zu tun bekommen. Eine häufige Form der modernen Begrüßung ist dagegen der Begrüßungskuss, verbunden mit einer leichten Umarmung. Deuten Sie hier den Kuss nur an, lediglich enge Freunde und Familienangehörige werden wirklich auf beide Wangen geküsst. Normalerweise küsst man hier zuerst die linke, dann die rechte. Küsse auf die Wangen sind auf den privaten Kontakt beschränkt, im Geschäftsleben haben sie nichts zu suchen.

Die richtige Begrüßung

Nicht nur im Schriftverkehr, sondern auch im persönlichen Kontakt lauern jede Menge Fettnäpfchen, wenn es um das Grüßen und Begrüßen geht. Trifft man auf andere Menschen – egal, ob im Fahrstuhl, im Zugabteil oder im Wartezimmer eines Arztes –, so grüßt man diese normalerweise. Sagen Sie »Guten Tag«, »Grüß Gott« oder auch »Hallo«, wenn der Rahmen eher informell ist, und nicken Sie dabei mit dem Kopf oder lächeln Sie. Verschwinden Sie auch nicht wieder kommentarlos, sondern verabschieden Sie sich mit »Auf Wiedersehen« oder »Tschüss«. Es gibt jedoch Ausnahmen, denn nicht überall, wo Sie auf andere Menschen treffen, grüßen Sie diese. Wenn Sie sich zum Beispiel morgens auf dem Weg zur Arbeit in die überfüllte Straßenbahn quetschen, ist ein fröhliches »Guten Morgen« nicht angebracht.

Die Regeln der Höflichkeit gebieten, dass Sie einen Gruß erwidern, wenn Sie gegrüßt werden – auch wenn Sie den Grüßenden nicht ausstehen können und lieber nichts mit ihm zu tun haben möchten. Wer grüßt nun aber wen zuerst? Wie dieses Spielchen im Berufsleben abläuft, haben Sie bereits im Kapitel »Der Job-Knigge«, Seite 34 ff. gelesen. Im Privatleben ist das weniger streng geregelt. Grundsätzlich gilt: Derjenige grüßt zuerst, der den anderen zuerst sieht.

Ein freundlicher Gruß kann so manche Tür öffnen. Lieber einmal zu viel als einmal zu wenig gegrüßt!

Die traditionelle Form der Begrüßung ist in unserem Kulturraum der Händedruck. Doch Sie wissen selbst, dass man nicht jedem Menschen, dem man begegnet, die Hand schüttelt – an der Kasse im Supermarkt würden Sie hier mit Sicherheit einen schrägen Blick ernten. Auch unter jüngeren Leuten und bei informellem Anlässen ist der Handschlag auf dem Rückzug. Als Dame bieten Sie einem Herrn die Hand zum Gruß an und warten dann, bis dieser sie ergreift. Halten Sie dabei Blickkontakt zu Ihrem Gegenüber. Im privaten Rahmen dürfen Sie bei der Begrüßung guten Gewissens sitzen bleiben – nur zur Begrüßung älterer Damen und Herren stehen Sie auf.

Vorstellen und Bekanntmachen

Für das Vorstellen von Personen, die sich bisher nicht kannten, gibt es ebenfalls bestimmte Etiketteregeln, die jedoch nur im beruflichen oder offiziellen Rahmen gelten und bereits an entsprechender Stelle (Seite 36) erläutert wurden. Im Privatleben läuft dies lockerer ab. Hier dürfen Sie sich auch selbst vorstellen, wenn Sie zu einer Runde stoßen, in der Sie nicht alle Personen kennen. Nennen Sie dabei nicht nur Ihren Namen, sondern geben Sie dem Gesprächspartner noch eine weiterführende Information, zum Beispiel: »Ich bin Stefanie Huber, Sabine und ich spielen zusammen Tennis.« So haben Sie gleich einen Aufhänger für ein Gespräch.

Helfen Sie Personen, die einander nicht kennen, und machen Sie sie miteinander bekannt.

Du oder Sie?

Welche Regeln für das Duzen im Berufsleben gelten, wurde bereits im ersten Teil dieses Buches (Seite 32) erläutert. Doch wie sieht es im privaten Bereich aus? Gerade jüngere Leute sind hier schnell beim vertraulichen Du. Man lernt sich eben über gemeinsame Freunde oder beim Sport kennen und geht dann gleich zum Du über. Doch wer höflich sein möchte, beachtet auch hier einige Regeln. Duzen Sie zunächst einmal niemanden ungefragt. Danach gilt grundsätzlich: Der Ältere bietet stets dem Jüngeren das Du an. Früher galt es als unschicklich, wenn eine Dame einem Herren das Du antrug – diese Regel ist heute jedoch überholt. Sind beide etwa gleich alt, so spielt es keine Rolle, wer hier den ersten Schritt tut.

> *Ihre Vorgesetzte ist zufällig im gleichen Tennisclub wie Sie? Finden Sie hier gemeinsam eine Lösung, zum Beispiel beim Tennis per Du, im Job per Sie.*

Die Kunst des kleinen Gesprächs: Smalltalk

Ganz egal, ob Sie sich nun auf einer Party befinden oder bei einem Geschäftsessen mit einem wichtigen Kunden – über irgendetwas müssen Sie sich unterhalten, damit keine peinlichen Gesprächspausen entstehen und sich Ihr Gesprächspartner unwohl fühlt. Hier ist Smalltalk gefragt, jenes unverbindliche Geplauder, mit dem Sie eine persönliche Beziehung zu Ihrem Gesprächspartner aufbauen. Beim Smalltalk kommt es nicht darauf an, wichtige Informationen auszutauschen, sondern darauf, eine gemeinsame Basis zu schaffen. Dann wird sich Ihr Gesprächspartner gerne an Sie erinnern.

Zunächst einmal kommt es auf einen gelungenen Einstieg in das Gespräch an. Bei Personen, die Sie bereits kennen, ist das in der Regel nicht schwer. Das Befinden des Gesprächspartners, aktuelle Ereignisse, das vergangene Wochenende oder auch der Klassiker »Wetter« bieten gute Aufhänger für den Smalltalk. Personen, die Sie gerade erst kennengelernt haben, können Sie nach dem Wohnort oder der Anreise (Geschäftsreisende auch nach der Unterkunft) fragen. Geschickte Smalltalker liefern Ihrem Gesprächspartner bereits einen Aufhänger mit, indem sie einige zusätzliche Informationen über sich preisgeben, zum Beispiel: »Hallo, ich bin Claudia. Sabine und ich kennen uns aus dem Tennisclub« oder »Guten Tag, mein Name ist Stefanie Winter. Ich bin hier in der Buchhaltung tätig«.

Am besten sind Themen, die eine positive Atmosphäre schaffen, niemanden vor den Kopf stoßen und zu denen jeder etwas beitragen kann.

Meist kommt das Gespräch dann in Gang, und Sie befinden sich schnell und unkompliziert mitten im Smalltalk. Doch welches sind die besten Themen, um mit Ihrem Gesprächspartner unverbindlich zu plaudern? Vermeiden Sie unbedingt alles, was zu Kontroversen führen könnte. Außerdem sollten Sie darauf achten, dass das Gespräch immer eine positive Note behält. Auch wenn Ihre Anfahrt zu einer Firma aufgrund einer Baustelle und eines langen Staus der reinste Horrortrip war, sollten Sie sich nicht stundenlang über die schlechte Verkehrsplanung der Stadt auslassen, sondern das Thema in eine positive Richtung lenken: »In der Ackermannstraße wird ja ganz schön gebaut. Was ist denn da geplant?«

Gute Themen für den Smalltalk sind: Beruf, Ausbildung und Studium, Bücher, Essen und Trinken, Familie und Kinder, Haustiere, Hobbys und Sport, Kino, Theater und andere kulturelle Veranstaltungen, Musik, Urlaub und Reisen sowie der Wohnort. Themen, die zu Meinungsverschiedenheiten und Konflikten führen könnten, sollten Sie hingegen vermeiden. Schnell steht jemand in dem Ruf, unmögliche Ansichten zu haben – und katapultiert sich so ins gesellschaftliche Abseits. Verläuft das Gespräch unerquicklich, dann versuchen Sie, ihm durch einen geschickten Themenwechsel eine neue Richtung zu geben. Absolute Tabuthemen beim Smalltalk sind Geld und Finanzen, Krankheit, Kritik, persönliche Probleme, Politik, Religion und Kirche, Sex, Tod, sowie Verstöße gegen die Political Correctness, auch in Witzen.

Der richtige Ton am Telefon

Egal, ob Sie angerufen werden oder selbst zum Hörer greifen: Ihre Haltung kann man am Telefon hören. Lächeln Sie beim Telefonieren. Dies wirkt sich auf Ihre Stimmlage aus, und der Gesprächspartner bekommt einen positiven Eindruck von Ihnen. Er hört sozusagen Ihr Lächeln. Auch ob Sie während des Telefonats noch etwas anderes tun, zum Beispiel tippen, lesen oder gar essen, bekommt Ihr

Gesprächspartner mit. Dadurch signalisieren Sie ihm, dass Sie ihn nicht für wichtig genug halten, um ihm Ihre ganze Aufmerksamkeit zu schenken. Wollen Sie wirklich diesen Eindruck hinterlassen?

Wenn Sie jemanden anrufen

Ein kurzer Anruf beim Geschäftspartner oder Kollegen kann in vielen Dingen Klarheit schaffen. Doch bedenken Sie: Das Klingeln des Telefons reißt den anderen aus seinem momentanen Arbeitsablauf heraus und wird daher oft als Störung empfunden. Um diese Störung möglichst klein zu halten, sollten Sie sich auf das Telefonat vorbereiten: Legen Sie alle nötigen Unterlagen bereit, so dass Sie zwischendurch nicht blättern oder suchen müssen. Melden Sie sich zunächst mit Ihrem Namen und bei geschäftlichen Anrufen auch mit Ihrem Firmennamen. So kann Ihr Gesprächspartner Sie sofort einordnen und weiß, mit wem er es zu tun hat. Fragen Sie auch, ob der andere Zeit für Sie hat. Manchmal kommen Anrufe einfach ungelegen, und Ihr Gesprächspartner bekommt so die Chance, Ihnen dies mitzuteilen, ohne unhöflich zu wirken. Bringen Sie dann Ihr Anliegen schnell und verständlich vor, um dem Angerufenen nicht unnötig Zeit zu stehlen. Am Ende eines Telefonats sollten Sie sich immer für die Aufmerksamkeit Ihres Gesprächspartners bedanken, ganz egal, wie das Gespräch ausging.

Oft dringen Sie nicht gleich zum gewünschten Teilnehmer vor, sondern landen erst einmal bei der Sekretärin.

Überfahren Sie diese nicht gleich mit dem Wunsch: »Ich möchte bitte Frau Sowieso sprechen«, sondern betrachten Sie sie als kompetente Helferin. Oft ist die Sekretärin nämlich ebenso gut über aktuelle Vorgänge informiert wie ihre Chefin und kann Ihnen genauso kompetent weiterhelfen. Nennen Sie deshalb stets den Grund Ihres Anrufs, so dass die Sekretärin ihre Chefin auf das Gespräch vorbereiten kann oder gegebenenfalls gleich selbst aktiv werden kann.

In Privathaushalten rufen Sie am besten zwischen 9 und 13 Uhr und dann wieder zwischen 15 und 20 Uhr an. Beachten Sie auch Essenszeiten und Zubettgehzeiten der Kinder. Sonn- und feiertags greifen Sie erst ab 11 Uhr zum Hörer. Geschäftliche Anrufe tätigen Sie während der üblichen Bürozeiten. Denken Sie aber an die Mittagspause und bei Anrufen ins Ausland an eine eventuelle Zeitverschiebung. Bei Ämtern und Behörden haben Sie vormittags die besten Chancen.

Wenn Sie angerufen werden

Wenn Sie selbst angerufen werden, so nennen Sie zuerst Ihr Unternehmen, gegebenenfalls auch Ihre Abteilung und schließlich Ihren Vor- und Nachnamen. Erkennen Sie im Display des Telefons bereits, wer am anderen Ende der Leitung ist, können Sie den Anrufer mit seinem Namen begrüßen. Gehen Sie am Ende mit der Stimme leicht nach oben. So geben Sie Ihrer Äußerung einen freundlichen und erwartungsvollen Klang. Dann lassen Sie den Anrufer zu Wort kommen, denn er hat schließlich die Initiative ergriffen.

Der Anrufbeantworter

Nicht immer ist man persönlich erreichbar. Für diese Fälle sollten Sie einen Anrufbeantworter besitzen, damit Ihr Anrufer sich nicht die Finger wund wählt. Nennen Sie auf dem Band Ihren Namen oder Ihre Rufnummer, bei geschäftlichen Anrufbeantwortern immer auch das Unternehmen und die Abteilung. Grüßen Sie den Anrufer freundlich, und bieten Sie ihm an, eine Nachricht zu hinterlassen. Sprechen Sie dabei deutlich und langsam, so dass jeder Ihre Ansage verstehen kann.

Bekommen Sie viele Anrufe aus dem Ausland, empfiehlt sich eine zweisprachige Ansage auf Ihrem Anrufbeantworter.

Wer selbst eine Nachricht auf einem Anrufbeantworter hinterlässt, sollte sich ebenfalls zunächst mit Firma und dem Namen identifizieren – und zwar erst nach dem Pfeifton. Grüßen Sie den Angerufenen, und bringen Sie dann Ihr Anliegen vor. Vergessen Sie auch nicht, Ihre Rufnummer zu hinterlassen, und sprechen Sie dabei langsam, denn der Angerufene benötigt Zeit zum Mitschreiben. Da nicht jeder Anrufbeantworter Datum und Zeit des Anrufs speichert, empfiehlt es sich, diese kurz zu nennen. Am Ende bedanken Sie sich und verabschieden sich wieder.

Und ewig klingelt das Handy ...

Auf sein Mobiltelefon möchte heute niemand mehr verzichten. Zu schön ist die Vorstellung, immer und überall
erreichbar zu sein. Und je öfter es klingelt, desto belieb-
ter und wichtiger ist man – ganz egal, ob sich die Umwelt
dadurch gestört fühlt. Nicht nur, dass die ständige Klin-
gelei anderen gehörig auf die Nerven gehen kann, Ihre
Mitmenschen werden dabei auch gezwungen, Gespräche
mit anzuhören, die sie nicht interessieren. Daher gibt es
einige Orte, an denen das Handy ausgeschaltet bleiben
sollte:

- im Kino, Theater und in der Oper
- bei Vorträgen, in Seminaren oder bei geschäftlichen
  Meetings
- im Restaurant, bei Dates, Partys und Familienfeiern
- in Arztpraxen
- im Auto, wenn Sie keine Freisprechanlage haben
- in den Ruhezonen in der Bahn
- an allen Orten, wo das Telefonieren verboten ist, zum
  Beispiel im Flugzeug, in Krankenhäusern oder Ähnlichem

Müssen Sie einen Anruf in der Öffentlichkeit annehmen,
so versuchen Sie, Ihre Mitmenschen so wenig wie möglich
damit zu belästigen. Gehen Sie in einen Nebenraum, oder
entfernen Sie sich ein paar Schritte, so dass diese nicht gezwungen sind, Ihr Telefonat mit anzuhören. Kommt der
Anruf ganz und gar ungelegen, so dürfen Sie dies dem An-

rufer auch höflich mitteilen: »Entschuldigen Sie bitte, ich kann jetzt gerade nicht sprechen. Kann ich Sie in einer Viertelstunde zurückrufen?« Wer eine Handynummer anruft, muss dieses Risiko in Kauf nehmen.

Die ständige Erreichbarkeit, die ein Handy nun einmal gewährleistet, hat auch zur Folge, dass wir nicht mehr davor zurückschrecken, jemanden wegen jeder Kleinigkeit anzurufen. Ich selbst wurde einmal von einen Finanzberater angerufen, der wissen wollte, wie es denn um meine Altersvorsorge bestellt sei – nur dass ich da in Thailand am Strand lag, mich das Thema in dem Augenblick überhaupt nicht interessierte und ich als Angerufene auch noch die Auslandsgebühren für dieses Gespräch übernehmen musste. Bei Dingen, die nicht wirklich dringend sind, dürfen Sie also nach wie vor gerne mit dem Anrufbeantworter vorlieb nehmen. Wenn Sie trotzdem jemanden auf dem Mobiltelefon anrufen, fragen Sie immer erst, ob Sie nicht gerade stören, denn Sie wissen nicht, wo sich der Angerufene befindet und was er tut.

Mit einem Handy kann man allerdings nicht nur telefonieren, sondern noch eine Menge andere Dinge tun – vor allem die allseits beliebten SMS verschicken. Da Ihnen hier nur 160 Zeichen zur Verfügung stehen, dürfen Sie ausnahmsweise auf jegliche Konventionen verzichten. Allerdings gibt es gewisse Angelegenheiten, die Sie nicht per SMS erledigen sollten, eine Beziehung beenden zum Beispiel. Und eine Kündigung per SMS ist sogar unwirksam. Übrigens: Selbst wenn unsere Daumen schon so gelenkig sind, dass sie quasi wie von selbst über die Tastatur huschen, ist es nach wie vor nicht besonders höflich, in Anwesenheit anderer, zum Beispiel auf einer Party oder beim Essen im Restaurant, munter Nachrichten zu tippen.

Der momentane Lieblingssong als Klingelton mag Ihnen zwar gefallen, doch machen Sie sich bewusst, dass nicht jeder ein Robbie-Williams-Fan ist. Außergewöhnliche Klingeltöne gehen anderen Menschen noch mehr auf die Nerven als normales Handyklingeln und sind eigentlich eine Sache für Jugendliche. Ab einem bestimmten Alter wirken Sie damit nicht mehr besonders seriös.

Briefe und Faxe

Ein Fax ist eine wunderbare Sache. Schnell steckt man einen Zettel ins Faxgerät, und in der nächsten Sekunde ist er schon beim Empfänger. Dies sollten Sie jedoch niemals mit vertraulichen Dokumenten tun, denn ein Fax kann jeder lesen, der sich gerade in der Nähe des Geräts befindet. Auch offizielle Schreiben wie Einladungen oder Kondolenzbriefe haben im Fax nichts zu suchen.

Bei aller Formlosigkeit sollten Sie zumindest den Empfänger auf dem Fax vermerken (mit Faxnummer, falls das Fax an der falschen Stelle landet) und auch einen Absender angeben. Landet ein Irrläufer in Ihrem Faxgerät, so verständigen Sie den Absender, oder Sie leiten das Fax an den richtigen Empfänger weiter.

E-Mail – eine zwanglose Kommunikationsform?

Bei einer E-Mail verzichten noch viel mehr Menschen als bei einem Fax auf jede Art von Förmlichkeit. Schnell soll es vor allem gehen, doch sollten Sie dabei nicht auf sämtliche Konventionen pfeifen. Geben Sie einen vollständigen Absender an, mit Firmennamen und Telefonnummer, so dass der Empfänger weiß, wie er Sie noch erreichen kann. Auch eine vollständige Anrede wie bei einem Brief gehört sich hier.

Smileys und andere Emoticons sind im Geschäftsleben fehl am Platz. In einer privaten E-Mail sollten Sie – wenn überhaupt – nur wenige, allgemein bekannte Symbole verwenden.

Wenn Sie eine Nachricht weiterleiten, so tun Sie das nicht einfach kommentarlos, sondern schreiben Sie noch ein paar Worte dazu. Vorsicht bei Anlagen! Wenn Sie Anlagen versenden, so erkundigen Sie sich vorher beim Empfänger, welche Datei-Formate Sie verwenden können. Die tollste Anlage nützt nämlich nichts, wenn der Empfänger sie nicht öffnen kann. Vorsicht auch bei sehr umfangreichen Anlagen. Nicht jeder Computernutzer hat einen DSL-Anschluss und möchte stundenlang vor seinem Rechner sitzen, um Ihre Mail herunterzuladen. Außerdem blockieren Sie damit Speicherplatz, den der Empfänger vielleicht gera-

Mit Brief und Siegel

Eine ausgefeilte schriftliche Formulierung ist nicht jedermanns Sache, und so findet sich in etlichen geschäftlichen und privaten Briefen die eine oder andere Stilblüte. Informieren Sie sich über die DIN-Regeln für die schriftliche Korrespondenz, die Ihnen verraten, wie eine korrekte Anschrift auszusehen hat und was wo auf einem Briefbogen steht. Hier noch ein paar zusätzliche Tipps:

- Die Formulierung »z. Hd.« für »zu Händen« einer bestimmten Person ist überflüssig. Vor- und Nachname der Person unter dem Firmennamen reichen völlig aus.
- Wenn der Firmenname an erster Stelle steht, darf auch eine andere Person den Brief öffnen. Steht dagegen ein Mitarbeiter der Firma an erster Stelle, so ist die Post ausschließlich für ihn bestimmt.
- Die Anrede lautet bei Geschäftsbriefen »Sehr geehrte Frau ...« oder »Sehr geehrter Herr ...« oder »Sehr geehrte Damen und Herren«, wenn Sie den Ansprechpartner nicht kennen. Ist der Brief an eine Dame und einen Herrn adressiert, so steht die Dame an erster Stelle: »Sehr geehrte Frau Müller, sehr geehrter Herr Schmidt«. Etwas persönlicher können Sie formulieren: »Guten Tag, lieber Herr Schmidt«.
- Das Wort »Betreff« in der Betreffzeile ist veraltet.
- Der Text selbst sollte präzise und verständlich formu-

liert sein. Klammern oder Einschübe – so wie dieser – unterbrechen den Textfluss.

- Unterteilen Sie Ihren Text in mehrere Absätze, so wird er leichter lesbar. Eine Schriftgröße von zehn oder zwölf Punkt sorgt ebenfalls für eine gute Lesbarkeit.
- Hinsichtlich Grammatik und Rechtschreibung sollte Ihr Brief ebenfalls korrekt sein. Hier helfen Ihnen der Duden sowie das Rechtschreibprogramm Ihres Computers.
- Die korrekte Schlussformel ist »Mit freundlichen Grüßen«, etwas persönlicher können Sie auch formulieren: »Aus München grüßt Sie recht freundlich«.

de anderweitig dringend benötigt. Müssen Sie Anlagen von über einem Megabyte verschicken, erkundigen Sie sich lieber, ob der Empfänger diese wirklich per Mail haben möchte. Vielleicht ist es sinnvoller, ihm diese auf CD zu brennen und per Post zu schicken. Dass Sie Ihre Anlagen immer auch auf Viren prüfen, dürfte sich von selbst verstehen. Verzichten Sie zudem darauf, vertrauliche Dokumente wie zum Beispiel Verträge oder gar Ihre Kreditkartennummer per E-Mail zu verschicken. Eine E-Mail hat nämlich etwa den Geheimhaltungswert einer Postkarte. Ihre Informationen können also leicht in falsche Hände geraten.

So schnell und unkompliziert Sie eine E-Mail verschicken können, so flott sollten Sie sie auch beantworten – das heißt nach Möglichkeit innerhalb von 24 Stunden. Es reicht auch ein kurzer Zwischenbescheid, dass Sie die Nachricht erhalten haben und sich in Kürze darum kümmern werden. Wenn Sie länger abwesend sind – im Job heißt »länger« bereits mehr als einen Tag –, sollten Sie eine automatische Abwesenheitsmeldung erstellen, die mitteilt, wann Sie wieder erreichbar sind und wer in dieser Zeit Ihre Vertretung übernimmt.

Testen Sie sich selbst

Wenn Sie das vorangegangene Kapitel aufmerksam gelesen haben, fällt es Ihnen bestimmt nicht schwer, die folgenden Fragen mit Ja oder Nein zu beantworten

❶ Schreiben Sie bei der Begrüßungsformel im Brief zuerst den Namen des Mannes?

❷ Schweigen Sie aus Höflichkeit lieber, wenn Sie einen Anrufbeantworter am Ohr haben?

❸ Sprechen Sie Frau Prof. Dr. Dr. Schneider als »Frau Professor Schneider« an?

❹ Sprechen Sie den Baron Adalbert von Wichtig mit »Herr Baron« an?

❺ Genügt bei einer E-Mail der Name, der automatisch genannt wird, als Absender?

❻ Grüßen Sie, wenn Sie das Wartezimmer Ihres Zahnarztes betreten?

❼ Sie sitzen bei Ihrer Freundin auf dem Sofa. Da kommt plötzlich deren Mutter, die gerade zu Besuch ist, ins Zimmer. Stehen Sie zur Begrüßung auf?

❽ Sie spielen öfter mit einer Frau, die etwa zehn Jahre älter ist als Sie, Tennis. Bieten Sie ihr das Du an?

❾ Ist die aktuelle Politik ein gutes Smalltalk-Thema?

❿ Ihr gewünschter Gesprächspartner, Herr Huber, ist nicht am Platz, und der Anrufbeantworter nennt Ihnen einen Kollegen als Ansprechpartner. Zum Glück kennen Sie Herrn Hubers Handynummer. Rufen Sie ihn an?

Lösung: Bei den Fragen Nr. 3, 6 und 7 sollten Sie mit »Ja« antworten, bei allen anderen Fragen heißt die Antwort »Nein«.

Einladungen und Restaurantbesuche

Essen und Trinken ist etwas, das man täglich tut. Kaum zu glauben, dass man dabei trotzdem noch so viel falsch machen kann.

Gerade Tischmanieren und Esskultur sind extrem wichtig für den Eindruck, den wir bei anderen hinterlassen. Wer nicht weiß, wie man bestimmte Speisen isst, oder bei Einladungen aus der Rolle fällt, wirkt schnell unkultiviert – und diesen Eindruck wollen wir weder im Privatleben noch im Job hinterlassen. Was es rund um Einladungen und Restaurantbesuche zu beachten gilt, erfahren Sie in diesem Kapitel.

Die perfekte Gastgeberin

Erwarten Sie Besuch? Egal, ob es die Schwiegereltern, die Kollegen oder gar der Chef ist: Nehmen Sie eine Einladung nicht auf die leichte Schulter, sondern punkten Sie auch hier mit Stilsicherheit. Dann werden Ihre Gäste gerne an den Abend bei Ihnen zurückdenken und Sie in guter Erinnerung behalten. Die Vorbereitung beginnt schon mit der Auswahl der Gäste. Es ist sicherlich reizvoll, die unterschiedlichsten Charaktere an einem Tisch zu versammeln, doch harmonischer verläuft der Abend gewiss, wenn die Gäste zusammenpassen und sich gut verstehen. Stellen Sie die Gästeliste also sorgfältig zusammen.

Die Form der Einladung

Schriftlich oder mündlich – das ist hier die Frage! Bei Freunden und Verwandten spricht nichts dagegen, zum Telefonhörer zu greifen und sie mündlich einzuladen. Trotzdem sollten Sie ihnen ein wenig Zeit geben, sich auf den Anlass einzustellen – etwa zwei Wochen vor dem Termin ist eine angemessene Zeitspanne. Sie wissen ja selbst, wie das ist: Gerade die Wochenenden sind bei vielen Menschen schon lange im Voraus verplant.

Besser macht sich jedoch eine schriftliche Einladung, vor allem, wenn es sich um ein größeres Fest oder einen offiziellen Anlass handelt. Zum einen betont sie die Bedeutung einer Feier, zum anderen ist sie eine willkommene Gedächtnisstütze für Ihre Gäste. Eine schriftliche Einladung kann man ganz leicht an die Pinnwand hängen – die Gefahr, das Fest zu vergessen, ist dann schon einmal wesentlich geringer. Benachrichtigen Sie Ihre Gäste etwa drei bis vier Wochen vor dem Anlass – bei Hochzeiten oder anderen aufwändigen Festen darf es ruhig noch früher sein. Informationen, die eine schriftliche Einladung unbedingt enthalten sollte, sind:

- Name, Adresse, Telefonnummer und E-Mail-Adresse der Gastgeberin
- Anlass der Einladung
- Ort und Zeitpunkt des Festes (gegebenenfalls Anfahrtsskizze beilegen)
- Bitte um schriftliche oder telefonische Zusage (mit Termin)
- Falls nötig, weitere Informationen wie Kleiderordnung oder Ähnliches

Bei größeren Feiern können Sie den zeitlichen Ablauf mit in die Einladung aufnehmen, zum Beispiel »16 Uhr Kaffe und Kuchen, 19 Uhr Abendessen« und so weiter. So wissen die Gäste, was sie erwartet.

Zu informellen Festen wie einer Geburtstags- oder Grillparty können Sie heute auch per E-Mail einladen. Natürlich sollte auch diese alle wichtigen Angaben (siehe oben) enthalten. Wenn Sie wissen, dass manche Ihrer Freunde und Bekannten zwar eine E-Mail-Adresse haben, diese jedoch nur selten benutzen, sollten Sie zusätzlich telefonisch oder schriftlich einladen, um Missverständnissen vozubeugen.

Der gedeckte Tisch

Welche Gläser brauchen Sie? Und welches Besteck? Und wo liegt es? Ein schön und korrekt gedeckter Tisch ist der Blickfang eines jeden Festes. Gut, wenn Sie dann auch wissen, wie dieser aussehen sollte!

Decken Sie für jeden Gast einen Platzteller ein. Darauf steht dann der Teller für den Hauptgang und auf diesem wiederum der Suppenteller. Links und rechts von den Tellern liegt das Besteck für Vorspeisen, Zwischen- und Hauptgerichte bereit: die Gabeln links (ganz links die für die Vorspeise) und die Messer sowie Löffel rechts. Generell gilt: Die richtige Reihenfolge für die Benutzung des Bestecks ist von außen nach innen. Das Dessertbesteck liegt quer oberhalb des Tellers.

> *Ihr Besteckkasten sollte auf jeden Fall Messer, Gabeln, Suppenlöffel, Kaffeelöffel und Kuchengabeln enthalten.*

Auch die Frage, wo welches Glas steht, sorgt oft für Unsicherheit. Das Glas für das Getränk, das zum Hauptgang vorgesehen ist, steht über der Spitze des zum Hauptgang gehörenden Messers. Es wird auch Richtglas genannt. Die übrigen Gläser stehen dann entweder in Längsform rechts davon (wobei das kleinste Glas ganz außen platziert wird) oder sind in Blockform angeordnet. Ist dies der Fall, sind die Gläser gemäß Ihrer Größe so aufgestellt, dass der Blick von vorne nach hinten aufsteigt. Maximal stehen pro Gedeck vier Gläser auf dem Tisch. Für ein gelungenes Fest sollten Sie folgenden Grundstock an Gläsern besitzen: Rotwein-, Weißwein- sowie Wassergläser; darüber hinaus Biergläser (in Bayern auch Weißbiergläser), Schnapsgläser, Sektflöten und Cognacschwenker.

Ist der Gast immer König?

»My home is my castle«, heißt es so schön. Ganz klar, dass in Ihren eigenen vier Wänden Sie selbst das Sagen habe, oder? Eigentlich schon, möchte man meinen, doch sollten Sie für Ihre Gäste eine Ausnahme machen, denn schließlich sollen sich diese bei Ihnen wohlfühlen. Gehören Sie zu den Menschen, die Ihren Teppichboden über alles lieben und deshalb alle Gäste nötigen, in Socken herumzulaufen? Dann sollten Sie an diesem Abend eine Ausnahme machen, denn nicht jeder hat stets seine Hausschuhe im Gepäck, und Schwiegermutter oder Chefin haben ihre Schuhe vielleicht sorgfältig passend zu ihrem Outfit gewählt. Auch ist auf Socken oder gar in Seidenstrümpfen herumzulaufen nicht jeder Frau Sache.

Und wie sieht es mit dem Rauchen aus? Selbst wenn Sie Nichtraucher sind, sollten Sie rauchende Gäste an diesem Abend nicht bei Minusgraden auf den Balkon verbannen. Gestatten Sie ausnahmsweise das Rauchen, damit sich auch Ihre rauchenden Gäste bei Ihnen willkommen fühlen. Andererseits: Wenn Ihre Gäste Stil und Taktgefühl besitzen, verzichten sie sowieso auf das Rauchen, wenn sie bemerken, dass sie sich in einer Nichtraucherwohnung befinden. Im schlimmsten Fall müssen Sie als Gastgeberin abwägen: »Okay, meine Gäste sind unhöflich und rauchen in meiner Wohnung. Soll ich jetzt auch unhöflich sein und sie auf den Balkon schicken, oder bin ich höflich und sage nichts?«

Der stilsichere Gast

Wenn Sie selbst zu einer Feier, einem Geschäftsessen oder einem ähnlichen Anlass eingeladen werden, sollten Sie ebenfalls auf korrektes Benehmen achten, damit man Sie beim nächsten Mal wieder gerne dabei hat. Zunächst einmal sollten Sie zusagen oder absagen, wenn Ihnen eine Einladung ins Haus flattert, und zwar innerhalb des angegebenen Zeitraums. Bringen Sie bei einer Absage Ihr Bedauern zum Ausdruck, dazu genügt schon das Wörtchen »leider«. Doch auch nachdem Sie eine Einladung bereits angenommen haben, kann es passieren, dass Ihnen etwas Unvorhergesehenes dazwischenkommt und Sie deshalb doch noch absagen müssen. Informieren Sie dann die Gastgeber so früh wie möglich darüber, und bleiben Sie nicht einfach unentschuldigt fern.

Achten Sie wie immer auf Pünktlichkeit, und kalkulieren Sie bei Einladungen oder Restaurantbesuchen in der Stadtmitte immer auch die Parkplatzsuche mit ein. Werden Sie zu einem warmen Essen eingeladen, sollten Sie auf die Minute pünktlich erscheinen. Gleiches gilt bei Festen, die eine spezielle Eröffnung haben, zum Beispiel eine Rede oder ein Musikstück. Lediglich bei Feiern in einem großen

Rahmen, bei einer Grillparty, zu der jeder sein Fleisch selbst mitbringt, oder bei Cocktailempfängen ist Pünktlichkeit nicht unbedingt erforderlich.

Kennen Sie die folgende Situation? Vor acht Wochen haben Sie eine Hochzeitseinladung erhalten und zugesagt – für eine Person, denn Sie waren damals Single. Doch kurz darauf lernten Sie diesen wahnsinnig tollen Mann kennen – warum ihn also nicht gleich mitnehmen? Bei Festen wie Hochzeiten oder anderen offiziellen Feiern gibt es meistens eine ausgeklügelte Sitzordnung und eine feste Anzahl von Menüs. Wenn Sie eine zusätzliche Person unangemeldet mitbringen, kann dies zu einem ziemlichen Durcheinander führen. Fragen Sie daher vorher bei den Gastgebern nach, ob Sie Ihren neuen Begleiter mitbringen dürfen. In der Regel sind Gastgeber und Restaurant so flexibel, dass sie die Sitzordnung ändern und ein zusätzliches Menü herbeizaubern können.

Gastgeschenke

Die Regeln der Höflichkeit gebieten, dass wir unserem Gastgeber ein Gastgeschenk mitbringen und so unsere Wertschätzung ausdrücken. Besonders beliebt sind hier Blumen, doch bei sehr großen Feiern kann dies dazu führen, dass die Gastgeberin in einem wahren Blumenmeer ertrinkt und ihr am Ende die Vasen ausgehen. Denken Sie also über eine Alternative nach. Wie wäre es zum Beispiel mit einem Buch, einer CD, einem Glas selbst gekochter Marmelade oder einem Andenken aus dem letzten Urlaub? Fragen Sie sich, ob das Geschenk zur Persönlichkeit des Beschenkten passt, und lassen Sie sich nicht nur von Ihrem eigenen Geschmack leiten. Ein Gastgeschenk sollte nicht allzu pompös ausfallen, um den Gastgeber nicht in Verlegenheit zu bringen. Etwa 10 bis 15 Euro sind ein guter Richtwert – je nach Anlass kann es aber auch ein wenig mehr sein.

Und wenn doch Blumen? Dann sollten Sie nicht den nächstbesten Strauß nehmen, denn Sie wissen ja: Man kann einiges »durch die Blume« sagen. Rote Rosen zum Beispiel drücken innige Liebe aus – empfinden Sie das wirklich für Ihre Chefin? Weiße Lilien wiederum gelten als Totenblumen und sind daher kein passendes Geschenk für ältere Menschen. Wenn Sie unsicher sind, so lassen Sie sich im Blumenladen einen bunten Sommerstrauß oder einen anderen jahreszeitlichen Blumenschmuck zusammenstellen. Überreicht wird der Strauß immer der Dame des Hauses, und zwar ohne Papier. Streifen Sie dieses nach obenhin ab. Lediglich Sträuße, die in Folie verpackt sind, dürfen Sie eingewickelt lassen.

Lange Zeit hieß es, Zimmerpflanzen seien kein passendes Gastgeschenk und höchstens für Junggesellen geeignet (dann aber bitte auch pflegeleicht). Heute spricht jedoch nichts dagegen, eine hübsche Orchidee oder einen bunten Weihnachtsstern mitzubringen. Kakteen, Trockengestecke oder Bonsai-Bäumchen allerdings sollten Sie nach wie vor nur an ausgewiesene Liebhaber verschenken.

Bei privaten Einladungen sollten Sie auch an die Kinder Ihrer Gastgeber denken. Diese freuen sich besonders, wenn Sie ihnen eine Kleinigkeit mitbringen. Wählen Sie ein kleines Geschenk, das dem Alter der Kinder angemessen ist. Die meisten Kinder freuen sich über Süßigkeiten – ihre Eltern jedoch weniger. Wenn Sie also wissen, dass die Eltern großen Wert auf gesunde Ernährung legen, sollten Sie ihnen nicht in den Rücken fallen und sich stattdessen lieber für ein anderes Geschenk entscheiden.

Gratulationen und Danksagungen

Übliche Anlässe für eine Einladung sind der Geburtstag, eine Verlobung oder ein Hochzeitsjubiläum. Es kann aber auch sein, dass Sie bei Ihrer Freundin zu einer Feier eingeladen werden, weil sie endlich einen neuen Job gefunden hat. Welchen Grund das Fest auch haben mag, das Gratulieren sollten Sie nicht vergessen! Tun Sie dies, wenn Sie bei Ihrem Gastgeber eintreffen und ihn begrüßen. Zusätzlich sollten Sie noch schriftlich gratulieren, vor allem wenn Sie ein Geschenk mitbringen. Bedenken Sie dabei, dass auch die schönste Glückwunschkarte ohne einen entsprechenden Text lieblos wirkt, gerade so, als wollten Sie sich einer lästigen Pflicht entledigen. Vermeiden Sie also die üblichen Floskeln, und nehmen Sie sich Zeit, einige persönliche Sätze zu formulieren.

Achten Sie darauf, dass die Glückwunschkarte zum Anlass und zum Empfänger passt, und fügen Sie noch ein paar persönliche Worte hinzu.

Dann haben Sie einen netten Abend, amüsieren sich und gehen wieder nach Hause. Stopp, vergessen Sie das Wörtchen »Danke« nicht! Bedanken Sie sich für die Einladung, und zeigen Sie Ihren Gastgebern damit, dass Sie das Fest oder den Abend genossen haben. Dies können Sie schon bei der Verabschiedung tun, zum Beispiel indem Sie sagen: »Danke für den netten Abend. Ich habe mich schon lange nicht mehr so amüsiert.« Auch über einen Telefonanruf oder eine kurze E-Mail am nächsten Tag werden sich die Gastgeber freuen. Handelte es sich um einen besonders festlichen Anlass, wird ein schriftlicher Dank – eventuell zusammen mit einem Strauß Blumen – in jedem Fall fällig.

Die Nudel am Kinn und andere Peinlichkeiten

Sicher kennen Sie auch Loriots berühmten Sketch: Eine Nudel hat sich am Kinn der Komikers festgesetzt, und seine Partnerin Evelyn Hamann weiß nicht, wie sie es ihm beibringen soll. Während sie nach den passenden Worten sucht, schiebt Loriot unwissend die Nudel in seinem Gesicht herum.

Beim Essen – vor allem, wenn es sich um »schwierige« Speisen handelt – kann es leicht einmal zu peinlichen Situationen kommen. Wenn Sie unter Freunden sind, werden Sie in der Regel keine Hemmungen haben, das Problem offen anzusprechen, und können dann gemeinsam darüber lachen. Doch was tun Sie, wenn es sich dabei um jemanden handelt, den Sie nicht so gut kennen: den Geschäftspartner, die Chefin oder die Schwiegermutter in spe? Ignorieren können Sie dies kaum, denn spätestens bei einem Blick in den Spiegel wird Ihr Gegenüber bemerken, dass es Spinat auf den Zähnen hat. Und wer weiß: Vielleicht muss der Kollege mit dem Speiserest im Bart später noch eine Präsentation vor versammelter Mannschaft halten? Wenn Sie ihn rechtzeitig über das Malheur informieren, können Sie ihn vor weiteren Peinlichkeiten bewahren.

Machen Sie also die betreffende Person auf das Missgeschick aufmerksam, und zwar so unkompliziert und diskret wie möglich.

Abgesehen von solchen Peinlichkeiten kann es beim Essen noch zu einer Reihe weiterer »Unfälle« kommen. Vielleicht kleckert jemand oder stößt ein Weinglas um. Kleine Missgeschicke wie das Kleckern übersehen Sie am besten. Auch wenn es Ihnen selbst passiert, sollten Sie kein großes Aufheben darum machen. Bei größeren Unfällen, wie zum Bespiel einem umgestoßenen Glas, rufen Sie den Kellner zu Hilfe. Keinesfalls sollten Sie Salz auf die Tischdecke streuen, um Rotweinflecken zu vermeiden, oder andere Hausmittelchen anwenden. Sind Sie diejenige, die den Schaden angerichtet hat, so entschuldigen Sie sich dafür, jedoch ohne groß über Ihr ständiges Pech und Ihre Ungeschicktheit zu lamentieren. Wenn Sie etwas kaputt gemacht oder verschmutzt haben, so bieten Sie Wiedergutmachung an. Dies kann zum Beispiel sein, die zerbrochene Vase zu ersetzen oder die Reinigungskosten für eine Bluse zu übernehmen, die Sie mit Tomatensauce bekleckert haben. In ganz schweren Fällen können Sie dem »Opfer« zusätzlich am nächsten Tag einen Blumenstrauß mit einer schriftlichen Entschuldigung schicken. Sind Sie selbst das Opfer, so reagieren Sie gelassen, und nehmen Sie die Entschuldigung des Verursachers an. So zeigen Sie Stil und Größe.

Reklamieren – aber richtig!

Es ist nicht angenehm, aber es kann passieren: Mit Ihrem Essen stimmt etwas nicht. Der Wein schmeckt nach Kork, der Fisch ist nicht frisch, die Speise zu kalt, zu zäh, versalzen, oder in Ihrem Salat befindet sich eine unerwünschte Fleischbeilage, sprich eine Schnecke. In diesem Fall haben Sie allen Grund zu reklamieren. Lassen Sie Ihren Ärger aber nicht am Kellner aus, denn der hat das Essen ja nicht zubereitet. Doch sollten Sie auch nicht sofort nach dem Koch oder Geschäftsführer verlangen. Beschreiben Sie dem Kellner den Missstand diskret und sachlich, und bitten Sie um Abhilfe. Bleiben Sie ruhig, und lassen Sie sich nicht zu Verallgemeinerungen, Beleidigungen oder gar Drohungen (»In dieses Lokal werde ich nie wieder einen Fuß setzten«) hinreißen. Sie verlieren so nur Ihr Gesicht, machen den Grund für die Beschwerde aber auch nicht ungeschehen.

Reklamieren Sie, sobald Sie bemerken, dass etwas nicht in Ordnung ist, und nicht erst beim Bezahlen, wenn Sie bereits alles aufgegessen haben.

In der Regel wird man Ihnen entgegenkommen und unkompliziert Abhilfe schaffen, denn das Personal möchte nicht, dass im Restaurant ein großes Aufheben entsteht, und natürlich möchte man Sie als Gast auch nicht verlieren. Grundsätzlich sollten Sie jedoch nur dann ein Gericht beanstanden, wenn es tatsächlich falsch zubereitet wurde oder nicht frisch oder anderweitig mangelhaft ist – wenn Sie sich den Geschmack einfach nur anders vorgestellt hatten, so kann das Restaurant nichts dafür.

Das richtige Verhalten im Restaurant

Ob Sie nun privat essen gehen oder einem Termin mit einem Geschäftspartner oder wichtigen Kunden noch ein Geschäftsessen folgen lassen – auch im Restaurant sollten Sie stets Höflichkeit und gutes Benehmen zeigen.

Wissen Sie eigentlich, dass Sie bereits beim Betreten eines Restaurants eine Menge falsch machen können? Grundsätzlich hält hier nämlich der Mann der Frau die Tür auf, lässt sie eintreten und übernimmt dann die Führung. Machen Sie es Ihrem Begleiter leicht, und werden Sie schon vor der Tür ein wenig langsamer, so dass er vortreten und sie für Sie öffnen kann. Anders verhält es sich, wenn Sie die Gastgeberin sind, zum Beispiel bei einem Geschäftsessen oder Ihrer Geburtstagsfeier, dann gehen nämlich Sie voraus.

An der Garderobe lassen Sie sich von Ihrem männlichen Begleiter aus dem Mantel helfen, bevor dieser den seinen auszieht. Sie gehen dann als Erste zum Tisch, hinter dem Kellner her. Wenn sich kein Kellner um Sie kümmert, geht wiederum der Herr voraus. Beim Platznehmen dürfen Sie sich vom Herrn den Stuhl zurechtrücken lassen – als Frau unterlassen Sie diese Geste.

Reservieren Sie in beliebten Restaurants vorab einen Tisch. So kommen Sie nicht in die Verlegenheit, in letzter Minute umdisponieren zu müssen.

Vor allem in sehr guten Restaurants sind viele Menschen oft unsicher, welche Speisen und Getränke sie bestellen sollen. Bei einem privaten Restaurantbesuch werden Sie in der Regel keine Probleme haben, sich für ein bestimmtes Gericht zu entscheiden. Sie dürfen essen, was Ihnen schmeckt, vor allem, wenn Sie mit Freunden unterwegs sind und selbst zahlen. Bei einer Einladung, zum Beispiel bei einem Date oder bei den Schwiegereltern in spe, sollten Sie nicht gleich das teuerste Gericht auf der Karte wählen. Hier sollten Sie sich nach den Empfehlungen Ihres Gastgebers richten. Ein großzügiger Gastgeber wird Ihnen auch nicht vorschreiben, wie viele Gänge Sie essen dürfen, sondern Sie frei wählen lassen. Geschickte Gastgeber geben Ihnen diesbezüglich subtile Hinweise. Wenn er zum Beispiel sagt: »Ich gönne mir heute einmal das Vier-Gänge-Menü« oder »Der Hummer ist hier ganz hervorragend«, dann wissen Sie, dass Sie sich beim Essen nicht einzuschränken brauchen. Gibt Ihr Gastgeber keine solchen Hinweise, so sollten Sie nicht gleich das Vier-Gänge-Menü bestellten, sondern zunächst einmal nur ein Hauptgericht. Erst wenn sich der Gastgeber erkundigt, ob Sie denn gar keine Vorspeise wünschen, können Sie diese noch zusätzlich ordern.

Nicht selten entbrennt ein Streit, wenn es darum geht, wer denn nun die Rechnung übernimmt. Prinzipiell zahlt immer der Gastgeber, denn es gehört sich nicht, den Gast erst ins Restaurant einzuladen und ihn dann selbst zahlen zu lassen. Erledigen Sie das Bezahlen so diskret wie möglich, zum Beispiel, indem Sie den Kellner bitten, die Rechnung vorzubereiten, und dann zum Zahlen an die Bar oder Theke gehen. Ihre Gäste sollten von diesem Vorgang möglichst nichts mitbekommen.

Fünf goldene Regeln für den perfekten Gast im Restaurant

❶ Zeigen Sie Tischmanieren: Schlürfen oder schmatzen Sie nicht, und benutzen Sie die Serviette.

❷ Überfallen Sie das Personal nicht mit einer Fülle von Sonderwünschen, zum Beispiel andere Beilagen, bestimmte Zubereitungsarten und Ähnliches.

❸ Wagen Sie keine Experimente, sondern halten Sie sich an Speisen, von denen Sie wissen, wie man sie isst.

❹ Wählen Sie für die Unterhaltung bei Tisch angenehme Gesprächsthemen, die niemandem den Appetit verderben. Eventuelle Nahrungsmittelallergien oder kuriose Insektengerichte aus Ihrem letzten Asienurlaub haben hier nichts zu suchen.

❺ Nörgeln Sie nicht am Essen herum, und verfremden Sie sorgfältig komponierte Speisen nicht durch exzessives Nachwürzen. Speisen zurückgehen lassen sollten Sie wirklich nur, wenn sie absolut ungenießbar sind.

Tischmanieren und Esskultur

Gute Tischmanieren sind im Geschäftsleben von erheblicher Bedeutung. Nicht selten werden Bewerber bei einem Vorstellungsgespräch oder nach einem Assessment Center zum Essen eingeladen. Tischmanieren und Esskultur verraten nämlich nicht nur, welche Kinderstube der potenzielle Mitarbeiter genossen hat, sondern noch etwas ganz anderes: Wer beim Essen raue Manieren an den Tag legt und keine Rücksicht auf seine Mitmenschen nimmt, zeigt sich vermutlich auch in anderen Situationen nicht immer von seiner besten Seite.

Auch im privaten Bereich sollte die Einhaltung der Tischregeln selbstverständlich sein. Es reicht nicht aus, Messer und Gabel richtig benutzen zu können, auch in einigen anderen kulinarischen Dingen sollten Sie sich auskennen.

Haltung und Verhalten

Setzen Sie sich beim Essen gerade hin, und stützen Sie nicht die Ellenbogen auf dem Tisch ab. Die deutsche Etikette will, dass die Hände bis zum Handgelenk auf dem Tisch liegen, nicht aber die Unterarme, und daran sollten Sie sich halten. Außerdem haben Sie vielleicht noch die alte Ermahnung Ihrer Mutter im Hinterkopf: »Das Essen soll zum Mund kommen, nicht der Mund zu Essen.« Mit anderen Worten: Achten Sie auch beim Essen auf eine gerade Haltung, und beugen Sie sich nicht Ihrem Besteck entgegen.

Wie man mit einer Serviette korrekt umgeht, weiß auch nicht jeder. Keinesfalls stopft man sie wie ein Lätzchen vorne in den Pulli. Legen Sie die Serviette einmal gefaltet auf Ihren Schoß. Benutzen Sie sie auch, um sich vor dem Trinken damit den Mund abzutupfen (spätestens jetzt werden Sie wissen, warum man im Restaurant nie zu viel Lippenstift tragen sollte). Nach dem Essen legen Sie die Serviette links neben Ihrem Teller ab, und zwar so gefaltet, dass man die Flecken nicht sieht.

Ein Griff quer über den Tisch – womöglich noch über des Nachbarn Teller hinweg – zeugt von schlechtem Stil. Darüber hinaus sollten Sie den Mund beim Essen schließen, nicht schmatzen und schlürfen – aber das tun Sie ja sowieso nicht.

Der erste Schluck wird im Restaurant und bei Einladungen stets gemeinsam eingenommen, und zwar auf Initiative des Gastgebers. Der korrekte Spruch lautet hier übrigens: »Zum Wohl!« Und noch etwas gehört zu einem angemessenen Verhalten bei Tisch: Schauen Sie nicht zu tief ins Glas, egal, ob Sie nun privat oder geschäftlich unterwegs sind. Übermäßiger Alkoholgenuss wird schnell peinlich und kann Ihnen einen Ruf einbringen, den Sie ganz bestimmt nicht wollen. Halten Sie also stets das richtige Maß.

Die Tischordnung

Bei größeren Festen wird die Aufstellung der Tischordnung einige Zeit in Anspruch nehmen. Wer sitzt an welchem Tisch und neben wem? Hier gibt es einen Unterschied zwischen privaten und offiziellen Einladungen. Bei privaten Anlässen kann man auf Sitzordnungen unter Umständen sogar ganz verzichten, wenn sich alle Gäste untereinander kennen, doch wird das nur in den wenigsten Fällen zutreffen.

Achten Sie darauf, dass Gäste, die nur wenige der anwesenden Menschen kennen, gut integriert werden. Setzen Sie eingeschworene Cliquen nicht zusammen, so dass diese nicht den ganzen Abend Insidergespräche führen und die übrigen Tischnachbarn damit langweilen. Paare können getrennt gesetzt werden, sofern es sich nicht um Frischverliebte handelt und beide Partner andere Anwesende kennen. Bei ausländischen Gästen sollten Sie darauf achten, dass an deren Tisch ein paar Personen sitzen, welche die Muttersprache dieser Gäste beherrschen. Geben Sie zusammen mit Ihrem Partner ein Fest, so sollte jeder von Ihnen an einem Ende des Tisches sitzen, so dass Sie alles gut im Blick haben (außer, es ist Ihre Hochzeit).

Die Sitzordnung kann die Atmosphäre entscheidend beeinflussen, weshalb hierbei viel Fingerspitzengefühl gefragt ist. Widmen Sie diesem Punkt also genügend Aufmerksamkeit.

Feste wie Hochzeiten oder eine Taufe verlangen wiederum eine besondere Sitzordnung. Hier gibt es einen Ehrenplatz, der dem Hochzeitspaar, dem Täufling (auf dem Arm der Mutter) oder dem Kommunionkind gehört. Weitere wichtige Personen sitzen ebenfalls an diesem Tisch.

Nicht ganz so frei sind Sie bei offiziellen Anlässen, bei denen die protokollarische Sitzordnung gilt. Das Gastgeberpaar sitzt sich hierbei in der Mitte der Längsseite des Tisches gegenüber. Der ranghöchste Gast, der so genannte Tischherr, sitzt der Gastgeberin zur Linken. Rechts von ihr nimmt der dem Rang nach zweithöchste Gast Platz, links neben dem Hausherrn die zweihöchste Dame. So geht die Reihenfolge auch weiter. Des Weiteren geht Alter vor Jugend. Kinder bekleiden keinen Rang. Sie sitzen entweder an einem Kindertisch oder dienen als »Lückenfüller«. Sind Sie als Einzelperson Gastgeberin, so sitzt der wichtigste Gast zu Ihrer Rechten. Bei geschäftlichen Anlässen gilt außerdem: Angehörige anderer Firmen oder Institutionen haben Vorrang vor den eigenen Kollegen.

Wie isst man das? Der Umgang mit »schwierigen« Speisen

Austern, Hummer, Schnecken & Co. – diese Speisen stehen nicht auf unserem täglichen Speiseplan und sind auch nicht ganz einfach zu essen. Sind Sie unsicher, wie man ein bestimmtes Gericht korrekt isst, so steht Ihnen zunächst eine ganz simple Möglichkeit offen: einfach nicht bestellen. Doch was tun Sie, wenn Ihr Geschäftspartner Sie in ein feines Restaurant ausführt und sagt: »Sie müssen hier unbedingt die Languste probieren, das ist die Spezialität des Hauses!«? Oder wenn Sie bei Ihrer Chefin zu Hause eingeladen sind und diese Ihnen Spargel serviert? Auch in Zeiten von Fingerfood und McDonald's sind Tischmanieren extrem wichtig. Wer Speisen nicht korrekt essen kann, gilt schnell als unkultiviert – und Schlürfen, Kleckern oder gar eine Kartoffel, die dem Sitznachbarn auf den Schoß hüpft, wirken unappetitlich. Selbst ein Allerweltsgericht wie Spaghetti ist nicht immer ganz einfach zu essen. Punkten Sie daher auch mit Ihren Tischmanieren, und informieren Sie sich, wie Sie mit schwierigen Speisen fertig werden – die folgende Übersicht hilft Ihnen dabei.

Ist die Speise noch zu heiß, so lassen Sie diese ein wenig abkühlen, bis sie eine angenehme Temperatur erreicht hat. Pusten gilt als unfein.

- **Artischocken:** Zupfen Sie die Blätter einzeln mit den Fingern ab, tunken Sie sie in die Sauce und ziehen Sie sie dann mit der fleischigen Seite durch die Zähne, so dass Sie nur noch das Blatt in den Fingern halten. Dieses legen Sie dann am Tellerrand ab. Von den Artischockenböden entfernen Sie nun das »Heu«, legen es ebenfalls ab und essen den Boden mit Messer und Gabel.
- **Austern:** Austern werden immer im Dreierschritt serviert, also zum Beispiel drei, sechs oder neun Austern. In vielen Restaurants ist die Auster bereits ausgelöst und liegt nur noch in der Schale. Es kann aber auch vorkommen, dass das Tier noch an der Schale hängt. Lösen Sie dann mit der Schneideseite der Austerngabel das Fleisch an der Nahtstelle ab, und halten Sie die Auster dabei waagrecht, damit das Wasser nicht ausläuft. Nun können Sie entweder das Wasser mitsamt der Auster schlürfen (geräuschlos!) oder die Auster mit der Gabel aus der Schale heben, den Bart und den dunklen Darm entfernen und das Austernwasser hinterher trinken.
- **Avocados:** Essen Sie den Inhalt mit einem kleinen Löffel, und halten Sie die Avocado dabei mit der Hand fest.
- **Brot und Brötchen:** Wenn Sie sich Ihre Brötchen selbst belegen dürfen, so schneiden Sie sie auf einer Unterlage und belegen dann jede Hälfte. Packen Sie nicht zu viel auf Ihr Brötchen, richten Sie keine Verwüstung in der Butter an, und halten Sie den Belag beim Zubeißen nicht mit den Fingern fest. Liegt ein belegtes Brot auf Ihrem Teller, so essen Sie es mit Messer und Gabel. Wird Brot als Beilage zu einer Speise serviert, so brechen Sie

mundgerechte Stücke davon ab. Die Soße von Ihrem Teller damit aufzutunken gehört sich in der Öffentlichkeit nicht.

- **Canapés:** Diese Party-Häppchen werden mit den Fingern im Ganzen gegessen.
- **Fisch:** Trennen Sie zuerst Bauch- und Rückenflossen mit Fischmesser und Gabel ab, und ziehen Sie dann die Haut ab. Trennen Sie die Filets an der Mittellinie, und schieben Sie das Fleisch behutsam nach oben und unten von der Mittelgräte. Lösen Sie dann das Rückgrat komplett mit Schwanz und Kopf, und legen Sie es beiseite. Falls sich versehentlich eine Gräte in Ihren Mund verirrt, so bugsieren Sie sie vorsichtig mit der Zungenspitze auf die Gabel und von dort aus auf den Tellerrand. Ist kein Fischbesteck vorhanden, dürfen Sie Fisch mit Messer und Gabel essen. Marinierte und geräucherte Fische werden sogar stets mit Messer und Gabel gegessen.
- **Garnelen, Schrimps und Langusten:** Bei diesen Meerestieren drehen Sie die Köpfe nach links und die Schwänze nach rechts, bis die Schale auseinanderbricht. Dann trennen Sie das Schwanzteil vom Körper und nehmen das Fleisch heraus. Der Darm längs des Rückgrats wird nicht mitgegessen.
- **Geflügel:** Geflügel wird mit Messer und Gabel gegessen. Nur in zünftiger Umgebung, zum Beispiel im Biergarten oder auf dem Oktoberfest, dürfen Sie stattdessen Ihre Hände benutzen. Ausnahmen bilden Wachteln und Stubenküken – hier dürfen Sie grundsätzlich die Finger zu Hilfe nehmen.

- **Hummer:** Wird ein halbierter Hummerschwanz als Vorspeise gereicht, so essen Sie das Fleisch mit Messer und Gabel aus dem Panzer. Als Hauptspeise wird ein Hummer normalerweise ebenfalls halbiert aufgetischt. Hier verwenden Sie Hummergabel, Hummerzange und Ihre Finger. Knacken Sie die Scheren mit der Zange, und brechen Sie auch die Beine an den Gelenken. Dann holen Sie das Fleisch mit der Hummergabel heraus. Aus den Beinen dürfen Sie das Fleisch auch herauszuzeln (Geräusche sind ausnahmsweise erlaubt).
- **Kartoffeln:** Im Gegensatz zu früher dürfen Sie diesen heute mit Messer und Gabel zu Leibe rücken. Pellkartoffeln halten Sie mit der Gabel und pellen sie mit dem Messer. Folienkartoffeln essen Sie mit einem kleinen Löffel aus der Schale.
- **Kaviar:** Brechen Sie ein Stück Toast oder Blini ab, und geben Sie mit dem hierfür vorgesehenen Perlmutt- oder Hornlöffel eine kleine Portion Kaviar darauf. Statt den Kaviar häppchenweise zu essen, können Sie auch eine kleine Menge auf Ihren Teller geben und ihn mit der Gabel zum Mund führen. Der begleitende Toast wird dann separat gegessen. Manchmal werden zu Kaviar auch fein gehackte Eier gereicht.
- **Maiskolben:** Maiskolben können Sie in der Hand halten und abknabbern. Oft werden sie jedoch auch mit zwei kleinen Gabeln serviert, dann stecken Sie die Gabeln in die Seiten des Maiskolbens und halten ihn damit fest.
- **Miesmuscheln:** Bei der ersten Miesmuschel lösen Sie das Fleisch noch mit der Gabel heraus, danach nehmen Sie

die leere Schale und zwicken mit ihr die restlichen Muscheln aus ihren Schalen.

- **Salat:** Bei einem sorgfältig zubereiteten Salat sind die Salatblätter so ordentlich gezupft, dass man sie problemlos mit der Gabel essen kann. Sollte das einmal nicht der Fall sein, so dürfen Sie unhandliche Stücke schneiden oder sie mithilfe von Messer und Gabel falten. Sind Salatblätter auf dem Teller zur Dekoration angerichtet, so dürfen Sie sie gerne essen. Dasselbe gilt auch für andere »Deko-Speisen« wie Tomaten- und Gurkenscheiben oder Kräuter.

- **Schnecken:** Weinbergschnecken werden in Schneckenpfannen serviert. Nehmen Sie das Gehäuse mit der Schneckenzange aus der Pfanne, und legen Sie es auf Ihren Teller. Dann halten Sie das Schneckenhaus mit der Zange fest und holen das Fleisch mit der Schneckengabel heraus.

- **Spaghetti:** Korrekt werden Spaghetti nur mit der Gabel gegessen, der hierzulande so beliebte Löffel wird traditionell nicht verwendet. Drehen Sie stattdessen die Nudeln mit der Gabel am Tellerrand zu kleinen Knäueln. Mit dem Messer sollten Sie Nudeln nicht schneiden – nicht einmal überlange Spaghetti.

- **Spargel:** Spargel wird heutzutage ganz normal mit dem Messer geschnitten und nicht mehr mit zwei Fingern zum Mund geführt.

- **Suppen:** Wird eine Suppe in einer Suppentasse serviert, so halten Sie die Tasse am linken Henkel fest und essen sie mit dem Suppenlöffel. Den letzten Rest dürfen Sie austrinken. Bei Suppen, die im tiefen Suppenteller serviert werden, ist dies jedoch tabu.

• **Sushi:** Sushi werden traditionell japanisch mit Stäbchen gegessen. Tunken Sie die mit Seetang umwickelten Fischröllchen in die Sojasoße und stecken Sie sie ganz in den Mund. Wer mit Stäbchen nicht umgehen kann, darf Sushi auch mit den Fingern essen.

Sind Sie unsicher, wie man eine bestimmte Speise isst, so bleibt Ihnen immer noch die Flucht nach vorne. Geben Sie offen zu, dass Sie ein Gericht noch nie gegessen haben und sich deshalb nicht auskennen. Wenn Sie sich nicht gerade unter den oberen Zehntausend bewegen, wird man Verständnis dafür haben, dass Hummer in Ihrem Haushalt normalerweise nicht auf der Speisekarte steht. Bringen Sie dies jedoch stets mit einer positiven Note vor, damit Ihr Gastgeber nicht befürchten muss, Sie in Unannehmlichkeiten zu bringen. »Hummer habe ich noch nie gegessen, aber ich bin schon ganz gespannt, ob er wirklich so gut schmeckt, wie mir immer erzählt wird. Könnten Sie mir bitte kurz erklären, wie man dabei vorgeht?«

Berühren Sie Speisen, die auf Platten oder in Schüsseln serviert werden, nicht mit Ihrem eigenen Besteck, sondern nur mit dem Vorlegebesteck.

Die Kleiderordnung

Jede Frau kennt dieses Problem: Der Kleiderschrank quillt über, doch wir stehen ratlos davor. Ganz klar, wir haben wieder einmal nichts anzuziehen! Eigentlich sollten wir also froh sein, wenn wir zu einem Anlass eingeladen werden, bei dem es eine Kleiderordnung gibt, denn schließlich sagt uns diese genau, was wir tragen sollen. Doch dazu müssen wir die Kleiderordnung erst einmal verstehen!

Grundsätzlich gilt: Die Bekleidungswünsche der Gastgeber sind zu respektieren. Auch wenn Sie nicht einsehen, warum Sie sich zu einem bestimmten Anlass »aufstylen« sollen, sollten Sie Ihre Jeans im Schrank lassen, wenn die Gastgeber dies wünschen. Stimmen Sie Ihre Garderobe auf den Anlass der Feier ab – und mit Ihrem Partner, so dass sie auch optisch zusammenpassen.

Der Bekleidungsvermerk auf einer Einladung wendet sich übrigens nur an die Herren. Es wird also stillschweigend davon ausgegangen, dass Sie wissen, was der jeweilige Vermerk für Sie bedeutet:

- »Straßenanzug«: Businessanzug für den Herrn, Kostüm oder Kleid für die Dame,
- »Dunkler Anzug«: ein gedeckter Anzug mit weißem Hemd für den Herrn, ein elegantes Kleid für die Dame
- »Black tie«: Smoking für den Herren, ein kurzes oder langes Abendkleid für die Dame

- »White tie«: ein Frack für den Herrn, eine große Abendrobe für die Dame

Beim Vermerk »Straßenanzug« oder »Dunkler Anzug« darf es heutzutage auch ein schicker Hosenanzug oder eine elegante Kombination aus Hose und Bluse sein. Nicht jede Frau fühlt sich im Rock oder im Kleid wohl, und dies wird heute auch akzeptiert. Entscheiden Sie sich jedoch für einen Rock oder ein Kleid, so sollten Sie dazu stets Strümpfe tragen. Außerdem nimmt man zu abendlichen Events meist nur eine kleine Handtasche mit.

Das Tischgespräch

Für die Gespräche bei Tisch gelten dieselben Regeln wie für den Smalltalk im Allgemeinen (siehe Kapitel »Die Kunst des kleinen Gesprächs«, Seite 93).

> *Kurz zusammengefasst: Sprechen Sie über Themen, zu denen jeder etwas beitragen kann und die Kontroversen ausschließen.*

Das Problem bei Tischgesprächen ist jedoch, dass Sie Ihrem Sitznachbarn nicht einfach aus dem Weg gehen können, auch wenn Sie mit ihm nichts anfangen können oder völlig anderer Meinung sind. Unter Umständen müssen Sie sogar den ganzen Abend neben ihm verbringen. Was also tun, wenn Sie neben einem ausgesprochenen Gesprächsmuffel gelandet sind? Zeigen Sie sich trotz allem interessiert an Ihrem Gesprächspartner, und stellen Sie viele Fragen. Wichtig ist, dass es offene Fragen sind, auf die man nicht einfach mit »Ja« oder »Nein« antworten kann. Also nicht: »Ach, Sie waren im Urlaub in Australien. Waren Sie schon öfter da?«, sondern besser »Was gefällt Ihnen an diesem Land so gut?«.

Rauchen bei Tisch

Das Thema »Rauchen« wurde in diesem Buch bereits wiederholt angesprochen. Besondere Rücksicht ist hier bei Tisch angebracht, denn selbst Menschen, die sich sonst nicht durch den blauen Dunst gestört fühlen, lassen sich nicht gerne ihre Speisen verräuchern. Als Gastgeberin sind Sie hier wieder in der Zwickmühle: Sie wollen sowohl die Raucher als auch die Nichtraucher unter ihren Gästen respektieren. Wie wäre es also zum Beispiel, wenn Sie Raucher- und Nichtraucherzonen einrichten und die Raucher an einem Tischende zusammensetzen?

Wenn Sie sich durch Zigarettenrauch gestört fühlen, so bitten Sie den Verursacher freundlich, mit dem Rauchen zu warten, bis Sie mit dem Essen fertig sind, am besten, bevor er sich die Zigarette angesteckt hat.

Sitzen aber Raucher und Nichtraucher bunt gemischt, so sollten sich Raucher so lange keine Zigarette anzünden, solange am Tisch noch jemand isst. Auch zwischen den einzelnen Gängen eines Menüs sollten Sie nicht rauchen, sondern frühestens, wenn der Kaffee serviert wird. Dies gilt übrigens auch, wenn Sie in einem Biergarten oder in einer Gaststätte mit fremden Leuten an einem Tisch sitzen – ihr Recht auf ungetrübten Essensgenuss sollten Sie respektieren. Rücksichtsvolle Raucher bitten sowieso stets um Erlaubnis, bevor sie sich eine Zigarette anzünden, und akzeptieren auch, wenn sich jemand durch den Qualm belästigt fühlt.

Trinkgeld

Sind Sie mit dem Essen und dem Service in einem Restaurant zufrieden, so sollten Sie ein Trinkgeld geben. Finden Sie das richtige Maß, und seien Sie nicht zu großzügig, aber auch nicht zu knauserig. Bei kleinen Beträgen können wir hier schon einmal in Schwierigkeiten geraten. Soll man die 2,50 Euro für einen Cappuccino wirklich auf 3 Euro aufrunden oder sich lieber 20 Cent herausgeben lassen? Grundsätzlich gilt: Zwischen 7 und 10 Prozent des Rechnungsbetrags sind im Restaurant angemessen, im Zweifelsfall sollten Sie hier lieber ein wenig großzügig sein. Denn wer kaum oder gar kein Trinkgeld gibt, zeigt, dass er mit der Leistung nicht zufrieden war, und das kann leicht zu Missverständnissen führen.

Im Ausland gelten für das Trinkgeld oft andere Regeln. Informieren Sie sich vor Auslandsreisen über die jeweiligen Gepflogenheiten.

Geben Sie das Trinkgeld immer bar, auch wenn Sie mit Kreditkarte zahlen. Sonst kann das Personal nämlich nur schlecht abrechnen. Halten Sie deshalb also stets ein paar Münzen parat.

Testen Sie sich selbst

Wenn Sie das vorangegangene Kapitel aufmerksam gelesen haben, fällt es Ihnen bestimmt nicht schwer, die folgenden Fragen mit Ja oder Nein zu beantworten

❶ Dürfen Sie zwischen den einzelnen Gängen eines Menüs rauchen?

❷ Beginnen Sie mit dem Besteck, das dem Teller am nächsten liegt?

❸ Darf Ihnen Ihr männlicher Begleiter aus dem Mantel helfen?

❹ Betreten Sie als Erste ein Restaurant?

❺ Gehen Sie im Restaurant als Erste zum Tisch?

❻ Legen Sie die Serviette nach dem Essen auf den Teller?

❼ Dürfen Sie Ehepaare getrennt setzen?

❽ Dürfen Sie Kartoffeln mit dem Messer schneiden?

❾ Dürfen Sie widerspenstigen Spaghetti mit dem Messer zu Leibe rücken?

❿ Ihre Apfelsaftschorle hat 3 Euro gekostet, ein schöner runder Betrag. Verzichten Sie auf das Trinkgeld, damit der Kellner nicht mit dem Kleingeld hantieren muss?

Lösung: Bei den Fragen Nr. 3, 7 und 8 sollten Sie mit »Ja« antworten, bei den Fragen Nr. 1, 2, 5, 6, 9 und 10 heißt die Antwort dagegen »Nein«. Bei Frage 4 betreten Sie nur dann das Restaurant als Erste, wenn Sie die Gastgeberin sind.

Stilsicher auf Reisen: Der Auslands-Knigge

Andere Länder, andere Sitten: Im Ausland ist vieles anders – auch Manieren und Anstandsregeln.

Wie Sie sich im eigenen Land angemessen verhalten, wissen Sie nun, doch wie sieht es im Ausland aus? Deutsche Touristen haben ein schlechtes Image und gelten als laut, arrogant und wenig sensibel für die Sitten und Gebräuche ihrer Gastländer. Tragen Sie zur Völkerverständigung bei, und zeigen Sie, dass nicht alle Deutschen im Urlaub ihre guten Manieren zu Hause lassen! Wie Sie auch im Ausland stilsicher auftreten – egal ob bei einer Geschäftreise oder im Urlaub –, verrät Ihnen dieses Kapitel.

Die richtige Vorbereitung

Wer privat unterwegs ist und in einem Land »nur« seinen Urlaub verbringt, meint manchmal, auf jegliche Vorbereitung verzichten zu dürfen. Warum sollte diejenige sich über die Kultur eines Landes informieren, wenn sie sowieso nur am Strand liegt und höchstens einmal einen organisierten Ausflug zu ein paar Sehenswürdigkeiten unternimmt? Nur sollte sich dann aber auch niemand beschweren, wenn es zwischen ihr und Einheimischen zu Missverständnissen kommt! Und das geht oft schneller, als Sie sich das vorstellen können!

Unverzichtbar ist eine gründliche Vorbereitung dagegen, wenn Sie eine Geschäftsreise unternehmen. Dann müssen Sie sich in der Kultur und den Gepflogenheiten des Gastlandes auskennen, denn ein Fauxpas oder ein grober Verstoß gegen die guten Sitten kann unter Umständen dazu führen, dass ein wichtiger Geschäftsabschluss nicht zustande kommt. In der Regel bringen zwar alle Kulturen viel Verständnis für Ausländer auf, die nicht alle Bräuche und Verhaltensregeln kennen können, doch wenn Sie sich in der Kultur des Gastlandes auskennen, haben Sie auf jeden Fall einen Pluspunkt gesammelt: Sie zeigen, dass Sie die fremde Kultur respektieren, und dadurch fühlt sich Ihr Geschäftspartner geschmeichelt. Auch als Urlaubsreisende wird man Ihnen dies hoch anrechnen, denn schließlich zeigen Sie so, dass Sie ein Land nicht nur wegen seines schönen Wetters und seiner Strände schätzen, sondern ihm echtes Interesse entgegenbringen. Machen Sie sich immer bewusst, dass Sie auf Reisen als Repräsentantin Ihres Landes unterwegs sind.

Je nachdem, wie viele Deutsche, Österreicher oder Schweizer ein Land zu sehen bekommt, bestimmen Sie vielleicht den Eindruck, den man dort von Ihrem Land gewinnt.

Das A und O bei der Vorbereitung auf eine Auslandsreise ist die gründliche Information über das Zielland. Ein guter Reiseführer informiert nicht nur über Sehenswürdigkeiten und Unterkunftsmöglichkeiten, sondern auch über Geschichte und Kultur eines Landes. Machen Sie sich die Mühe, und lesen Sie diese Kapitel – Sie werden viel Neues erfahren und viele Dinge besser verstehen, wenn Sie das nötige Hintergrundwissen mitbringen. Auch Reisebüros oder die Botschaft Ihres Gastlandes sind Ihnen hier gerne behilflich und stellen Informationen zur Verfügung.

Wie sieht es mit Ihren Sprachkenntnissen aus? Viele Urlauber sind so arrogant und erwarten, dass man überall Deutsch oder zumindest Englisch spricht, und regen sich auf, wenn es mit der Verständigung einmal nicht klappt. Niemand kann von Ihnen verlangen, dass Sie perfekt Thai sprechen, nur weil Sie zwei Wochen auf Phuket Urlaub machen, doch wie wäre es, wenn Sie sich wenigstens die Redewendungen für »Guten Tag«, »Bitte« oder »Danke« aneignen? Diese einfachen Begriffe finden Sie in jedem Reiseführer, und die Einheimischen werden sich freuen, wenn Sie auf diese Weise Interesse an ihrer Kultur zeigen. Auch im Geschäftsleben wird man es Ihnen hoch anrechnen, wenn

Sie zumindest ein paar Höflichkeitsfloskeln in der Landessprache beherrschen, auch wenn die Verhandlungen sonst auf Englisch, Französisch oder Spanisch stattfinden.

Ein Aspekt, über den Sie sich besonders gründlich informieren sollten, ist die Rolle der Frau im jeweiligen Gastland. Nicht überall besitzen Frauen dieselben Freiheiten wie in Europa; in dieser Hinsicht sind wir sehr verwöhnt. So kann es in Moscheen zum Beispiel passieren, dass Sie als Frau den Hauptbereich, in dem die Männer beten, nicht betreten dürfen. Dies müssen Sie wohl oder übel akzeptieren. Selbst wenn in einigen Ländern ein in unseren Augen rückständiges Frauenbild herrschen mag, so müssen wir uns den örtlichen Sitten fügen. Dazu gehört auch die Kleidung, denn nicht überall sind Miniröcke und bauchfreie Tops eine akzeptable Bekleidung. Unter Umständen müssen Sie damit rechnen, dass Sie in Heiligtümer wie katholische Kirchen oder buddhistische Tempel in derartiger Kleidung nicht eingelassen werden.

Werden Sie niemals überheblich, und beschweren Sie sich nicht über das in Ihren Augen »rückständige« Frauenbild. Sie werden eine Kultur, die über Jahrtausende gewachsen ist, nicht in ein paar Augenblicken ändern.

Je nach der Kultur eines Landes kann es auch passieren, dass Sie als Geschäftsfrau nicht ernst genommen werden. Sie gelten als Kuriosum, das zwar von allen Seiten neugierig beäugt wird, mit dem man aber keine Geschäfte abschließen möchte. In diesem Fall sollten Sie einen männlichen Kollegen mitnehmen und diesem die Verhandlungen überlassen. Dass er nur nach Ihren Anweisungen handelt, müssen Ihre Geschäftspartner ja nicht wissen!

Generell sollten Sie sich bei einer Reise – egal ob geschäftlich oder privat – über folgende Aspekte informieren:

- In welcher Sprache können Sie sich im Urlaubsland verständigen?
- Welche politischen Verhältnisse herrschen dort?
- Welche gesellschaftliche Rolle spielen Frauen?
- Gibt es religiöse Tabus, die man nicht verletzen darf?
- Gibt es andere Bekleidungsvorschriften?
- Gibt es Unterschiede zu unseren Umgangsformen?

Niemand gibt es gerne zu, doch hegt fast jeder irgendwelche Vorurteile gegenüber anderen Ländern. Verabschieden Sie sich von diesen Stereotypen und Klischeevorstellungen, und versuchen Sie, allen Menschen unvoreingenommen zu begegnen. Und wenn Sie das eine oder andere Vorurteil doch einmal bestätigt finden sollten, so schmunzeln Sie innerlich und versuchen Sie zu verstehen, was hinter bestimmten Verhaltensweisen steckt. Keinesfalls sollten Sie zornig reagieren nach dem Motto: »Von euch … kann man ja nichts anderes erwarten!«

Unterwegs mit Taxi, Flugzeug oder Bahn

Bevor Sie Ihren Urlaub genießen können, müssen Sie erst einmal an Ihr Reiseziel gelangen. Wenn Sie nicht mit dem eigenen Auto unterwegs sind, werden Sie dabei immer auf andere Menschen treffen – egal, ob Sie mit der Bahn oder mit dem Flugzeug anreisen. Diese anderen Menschen können Sie sich nicht aussuchen, und Sie müssen mehrere Stunden mit ihnen auf engstem Raum verbringen. Ganz klar, dass Sie hier ein paar Grundregeln der Höflichkeit beachten sollten.

Reisen im Flugzeug

Leider können sich nur die wenigsten von uns einen Platz in der Business-Class mit entsprechend großzügigem Platzangebot leisten. Die meisten sitzen in der »Holzklasse«, und wenn Sie Pech haben, sitzt auf dem 24-Stunden-Flug nach Australien ein 150-kg-Mann mit Vorliebe für Knoblauch und Bohnen neben Ihnen. Daran werden Sie nichts ändern können, aber Sie sollten sich trotzdem rücksichtsvoll benehmen. Schließlich müssen Sie sehr lange neben dieser Person sitzen, also wollen Sie es sich nicht gleich in den ersten fünf Minuten mit ihr verscherzen!

Im Flugzeug ist es besonders wichtig, die Sitzgrenzen zu beachten. Beanspruchen Sie nicht die Armlehnen für sich, und weisen Sie Männer, die sich unbedingt breitbeinig hinsetzen müssen, höflich darauf hin, dass Sie auch noch ein wenig Platz benötigen. Doch nicht nur die Grenzen des

Sitznachbarn sollten Sie respektieren, auch der Vorder- und Hintermann haben ein wenig Höflichkeit verdient. Klappen Sie nicht alle fünf Minuten das Tischchen herunter und dann wieder hinauf – die Person vor Ihnen bekommt dann nämlich jedes Mal einen Stoß in den Rücken. Auch bevor Sie den Liegesitz zurückklappen, sollten Sie sich mit einem Blick nach hinten vergewissern, ob Ihr Hintermann nicht gerade isst oder seinen Tisch für etwas anderes benötigt.

Bei Langstreckenflügen stellt sich die Frage, ob Sie einen Fenster- oder Gangplatz nehmen. Bei einem Fensterplatz können Sie hinausschauen und in der Regel auch ungestört schlafen. Bei einem Gangplatz wiederum können Sie öfter einmal aufstehen und sich die Beine vertreten. Haben Sie sich für das Fenster entschieden, so sollten Sie Ihren Nachbarn nicht alle fünf Minuten aufscheuchen – vor allem nicht, wenn dieser gerade schläft oder isst.

Vielleicht wird Ihnen während des langen Fluges auch furchtbar langweilig. Was liegt hier also näher, als den Sitznachbarn – passenderweise auch noch ein allein reisender, gut aussehender Mann – in ein Gespräch zu verwickeln? Wenn er nur nicht so wortkarg wäre! Respektieren Sie, dass sich Ihr Nachbar vielleicht nicht mit Ihnen unterhalten möchte, sondern lieber liest, einen Film anschaut oder vor sich hindöst. Gibt er auf Ihre Kommunikationsversuche nur knappe Antworten oder beschäftigt er sich demonstrativ mit anderen Dingen, so ist dies ein sicheres Indiz dafür, dass er lieber seine Ruhe haben möchte. Es kann aber auch sein, dass tatsächlich ein nettes Gespräch zustande kommt und Sie sich glänzend verstehen. Schön für Sie, denn so vergeht die Zeit im wahrsten Sinne des Wortes wie im Flug. Doch möchten vielleicht nicht alle Leute an Ihrem Gespräch teilhaben. Sprechen und lachen Sie also gedämpft, so dass sich die anderen Passagiere nicht gestört fühlen. Dies gilt im besonderen Maße während der Ruhezeiten.

Kindern fällt das lange Stillsitzen noch schwerer als uns. Packen Sie deshalb das Lieblingsspielzeug, Hörbücher und andere Ablenkungen ins Handgepäck, um den Nachwuchs bei Laune zu halten.

Bei einem Flug, vor allem, wenn dieser etwas länger dauert, ist bequeme Bekleidung besonders wichtig. In vielen Benimm-Ratgebern findet sich nach wie vor der Hinweis, dass Freizeitkleidung im Flugzeug unangemessen sei. Dies mag in der Business-Class durchaus zutreffen, als »ganz normaler« Passagier dürfen Sie sich jedoch gerne etwas legerer kleiden – vor allem, wenn es sich um einen Langstreckenflug handelt und Sie im Flugzeug auch schlafen wollen. Dann sollten Sie sich in Ihrer Kleidung wohlfühlen. Dass sich niemand allzu freizügig kleidet, dafür sorgt schon die Klimaanlage. Bei längeren Flügen dürfen Sie gerne auch ein T-Shirt zum Wechseln, ein Deo und eine Zahnbürste mit in Ihr Handgepäck packen.

Auf den meisten Flügen herrscht mittlerweile ein strenges Rauchverbot. Verstöße dagegen können ziemlich teuer werden, halten Sie sich also daran. Und auch die Wirkung des Alkohols über den Wolken sollten Sie nicht unterschätzen. Er wirkt in der Luft schneller als auf dem Boden, und kaum etwas ist für Personal und Passagiere unangenehmer als betrunkene Mitreisende. Halten Sie sich bitte beim Alkoholkonsum zurück, auch wenn die Getränkeauswahl noch so verführerisch ist.

Und noch ein Wort zum Bordpersonal: Der Begriff »Saftschubse«, mit dem eine Flugbegleiterin abschätzig bezeichnet wird, sagt eine Menge über die Einstellung aus, mit der viele Menschen dem Bordpersonal begegnen. Doch Stewardessen und Stewards sind nicht Ihre persönlichen Dienstboten. Bleiben Sie stets höflich, und klingeln Sie nicht alle fünf Minuten nach dem Personal, vor allem, wenn Sie sehen, dass es gerade mit anderen Dingen, wie zum Beispiel Essen austeilen, beschäftigt ist. Werfen Sie auch nicht Ihren Abfall einfach auf den Boden; gerade nach Langstreckenflügen sehen Flugzeuge oft wie eine Müllhalde aus. Stecken Sie den Abfall stattdessen in die Sitztasche oder in eine Plastiktüte. Übrigens: Alle Flugbegleiter freuen sich, wenn Sie sich beim Aussteigen bedanken und sich mit einem freundlichen Lächeln verabschieden.

Reisen in öffentlichen Verkehrsmitteln

Bei Reisen mit dem Zug gelten ähnliche Regeln wie im Flugzeug. Auch hier müssen Sie oft lange Zeit neben Personen verbringen, die Sie sich nicht ausgesucht haben, und sollten daher besonders rücksichtsvoll sein. Gerade zur Hauptreisezeit sind Züge häufig überfüllt. Jeder Sitzplatz ist belegt, auf dem Gang steht Gepäck herum, und Reisende, die keinen Sitzplatz mehr ergattern konnten, sitzen auf dem Boden. Als gut vorbereitete Reisende haben Sie Ihren Platz reserviert und brauchen daher beim Einsteigen nicht zu drängeln. Helfen Sie lieber Mitreisenden beim Einsteigen oder dabei, ihr Gepäck ins Gepäcknetz zu hieven – so machen Sie gleich von Anfang an einen freundlichen und zuvorkommenden Eindruck.

Auch wenn nicht alle Plätze belegt sind, sollten Sie nicht unnötig Sitzplätze mit Ihrem Gepäck oder Ihrem Mantel blockieren.

Wie im Flugzeug sollten Sie auch in der Bahn den Geräuschpegel möglichst gering halten. Lassen Sie nicht das ganze Abteil an Ihrer Unterhaltung teilhaben, schreien Sie nicht in Ihr Handy, und achten Sie bei Ihrem MP3-Player auf die Lautstärke. Andere Mitreisende möchten vielleicht schlafen, nehmen Sie darauf stets Rücksicht.

Im Taxi setzen Sie sich als Passagier üblicherweise nach rechts hinten, in Ländern mit Linksverkehr nach links hinten – dies ist nämlich der sicherste Platz. In Asien oder in arabischen Ländern müssen Sie den Preis häufig zu Beginn der Fahrt aushandeln, sonst kann es schon einmal vorkommen, dass der Fahrer einen kleinen Umweg einlegt. Feilschen ist hier nicht nur erlaubt, sondern gehört dazu.

Der gern gesehene Gast im Hotel

Ob im Urlaub oder auf Geschäftsreise – in der Regel werden Sie eine oder mehrere Nächte im Hotel verbringen müssen (oder dürfen: kein Saubermachen, immer frische Handtücher, und um das Frühstück müssen Sie sich auch nicht kümmern …). Normalerweise haben Sie Ihr Zimmer vorher reserviert. Lassen Sie sich hier immer eine schriftliche Bestätigung geben, auf der Datum, Zimmerkategorie und Preis vermerkt sind, damit es später nicht zu Missverständnissen kommt. In vielen Hotels müssen Sie bis zu einer bestimmten Uhrzeit anreisen, damit das Zimmer nicht anderweitig vermietet wird (meist vor 18 Uhr). Treffen Sie später ein, so informieren Sie das Hotel über die Verspätung.

> *Auch im Hotel ist Freundlichkeit oberstes Gebot: gegenüber dem Personal und gegenüber den anderen Gästen.*

Viele Reisende werfen im Hotel sämtliche guten Sitten über Bord. Schließlich bezahlen sie ja für die Übernachtung – der Hotel-Manager soll also froh sein, dass sie hier gebucht haben! Da ist der flauschige Bademantel im Preis natürlich inklusive, und das Zimmermädchen wird schließlich fürs Saubermachen bezahlt. Vergessen Sie nicht: Sie sind Gast im Hotel, deshalb sollten Sie sich dort so benehmen, wie Sie es zu Hause von Ihren Gästen erwarten. Dazu gehört auch, sich angemessen zu kleiden, vor allem im Speisesaal.

Im Bikini haben Sie dort nichts zu suchen, und auch Ihr männlicher Begleiter muss sich nicht unbedingt oben ohne am Frühstücksbüfett anstellen.

Das Hotelpersonal ist dazu da, Ihnen Ihren Aufenthalt so angenehm wie möglich zu machen. Doch das bedeutet nicht, dass Empfangschef, Kellner oder Zimmermädchen Ihre persönlichen Butler sind. Brausen Sie also nicht gleich auf, wenn man Ihren Wünschen nicht sofort nachkommt. Das Personal hat eine ganze Reihe von Aufgaben und kann nicht alles stehen und liegen lassen, nur um Ihnen zu Diensten zu sein. In der Regel wird man nichts unversucht lassen, um Ihnen zu helfen, denn ein zufriedener Gast kommt später vielleicht wieder oder empfiehlt das Hotel weiter. Was Sie von einem Hotel erwarten können, hängt vor allem vom Standard des Hotels ab. Haben Sie sich für ein Billigdomizil entschieden, dürfen Sie nicht auf First-Class-Service pochen – dafür haben Sie schlicht und einfach nicht bezahlt.

Natürlich kann es sein, dass einmal etwas nicht wie gewünscht läuft, doch bevor Sie Ihre Wut am Hotelpersonal auslassen, sollten Sie realistisch einschätzen, inwiefern es überhaupt etwas an der Situation ändern kann. Herrscht in einem Land zum Beispiel Wasserknappheit und wird aus diesem Grund das kostbare Nass zu bestimmten Zeiten abgedreht, ist das nicht die Bösartigkeit des Personals oder Hotelchefs, sondern den Lokalpolitikern zuzuschreiben. Läuft dagegen alles reibungslos, so sollten Sie ein Trinkgeld hinterlassen, um dem Personal Ihre Anerkennung zu zeigen. Ein kleiner Tipp: Wenn Sie einen kleinen Teil des Trinkgelds bereits bei Ihrer Ankunft verteilen, wird man Sie besonders zuvorkommend behandeln. Auch nicht schlecht, oder?

Der Umgang mit Einheimischen

Ob es sich nun um das Hotelpersonal, den Fremdenführer oder um einen Verkäufer handelt: Bei Auslandsreisen bekommen wir es immer auch mit Einheimischen zu tun – mal mehr, mal weniger intensiv, je nach gewählter Unterkunft und Grund des Auslandsaufenthalts. Denken Sie immer daran, dass Sie Gast in einem Lande sind und die Einheimischen damit Ihre Gastgeber. Und so wie Sie zu Hause jemanden behandeln, bei dem Sie zu Gast sind, so gehen Sie auch mit den Einwohnern Ihres Urlaubsortes um. Mit anderen Worten: Zeigen Sie viel Höflichkeit und Respekt, seien Sie freundlich und nehmen Sie Rücksicht auf Sitten und Gebräuche.

Eignen Sie sich die wichtigsten Worte und Redewendungen der Landessprache an. So zeigen Sie Interesse an der anderen Kultur.

Je exotischer ein Land ist, desto fremder sind uns dessen Traditionen. Manches mag auf Europäer befremdlich wirken, doch muss es deshalb noch lange nicht »falsch« oder

Die passende Kleidung

Im Ausland, vor allem in anderen Kulturkreisen, sollten Sie großen Wert auf Ihre Kleidung legen, denn mit einem Outfit, das bei uns topmodisch ist, können Sie in manchen Ländern völlig falsche Signale aussenden. In Asien und Afrika zum Beispiel legt man im öffentlichen Leben viel Wert auf »ordentliche« Kleidung. Laufen Sie als Touristin aus dem reichen Deutschland mit löchrigen Jeans herum, so werden die Einheimischen Mitleid empfinden für eine Frau, die sich keine ordentlichen Sachen leisten kann.

Ein indischer Sari sieht nicht nur schön bunt aus, er passt auch perfekt zur momentanen Bollywood-Mode. Die Sari-Verkäufer in Indien werden sich bestimmt freuen, wenn Sie in ihren Läden kräftig zuschlagen, doch die meisten Einheimischen lächeln in sich hinein, wenn Sie so herumlaufen.

Zeigen Sie abseits eines Strandes nicht zu viel Haut; in vielen Ländern (auch in den USA) ist Oben-ohne-Baden sogar strafbar. Vorsicht auch, wenn Sie Kinder dabei haben: In den USA dürfen Sie Ihr einjähriges Töchterchen nicht nackt im Sand spielen lassen, Badehöschen oder Windel sind hier ein Muss.

Beobachten Sie immer auch die einheimischen Frauen: Wie viel Haut zeigen sie? Richten Sie sich etwa nach diesem Maßstab.

Selbst wenn Sie planen, Ihren Urlaub größtenteils am Strand zu verbringen, sollten Sie neben Bikinis, knappen Tops, Wickelröcken und Flip Flops noch ein paar »ordentliche« Kleidungsstücke einpacken. Vielleicht unternehmen Sie ja doch einmal einen Ausflug ins Landesinnere, besichtigen ein Gotteshaus oder wollen in ein schönes Restaurant zum Essen gehen.

»schlecht« sein. Fragen Sie nach dem Hintergrund einer Tradition, nach ihrer Bedeutung in der jeweiligen Kultur oder Religion – jedoch ohne ein wertendes Urteil abzugeben. So zeigen Sie Interesse an den Sitten und Gebräuchen des Landes, und darüber werden sich die meisten Menschen freuen.

Hüten Sie sich auch vor jeglichem missionarischem Eifer, und weisen Sie Einheimische nicht darauf hin, was in ihrem Land verbesserungswürdig wäre; das zeugt von Arroganz. In vielen beliebten Urlaubsländern, zum Beispiel Thailand, Sri Lanka, der Dominikanischen Republik oder Kenia, gelten Sie als deutsche Touristin als unvorstellbar reich. Und in der Tat, verglichen mit dem Durchschnittseinkommen der dortigen Bevölkerung sind Sie das auch. Protzen Sie nicht mit Ihrem Reichtum, stellen Sie teure Uhren oder Schmuck nicht zur Schau, und betrachten Sie nicht alle Einheimischen als Ihre Dienstboten – nur weil Sie reicher sind.

Rücksicht ist auch stets angebracht, wenn Sie Ihre Kamera zücken und Einheimische fotografieren wollen. Vielleicht sehen Sie ein paar Frauen in landesüblicher Tracht oder ein paar niedliche Kinder am Straßenrand spielen. Das gibt ein schönes Foto mit viel Lokalkolorit. Fragen Sie vorher jedoch um Erlaubnis, ob Sie ein Foto machen dürfen. Wenn Sie der Landessprache nicht mächtig sind, können Sie die Kamera fragend hochhalten. Akzeptieren Sie dann aber auch, wenn Menschen nicht fotografiert werden möchten.

In Gotteshäusern herrscht manchmal ein generelles Foto-grafierverbot, um Betende nicht bei der Andacht zu stören. Halten Sie sich daran.

Für Frauen gilt noch eine besondere Verhaltensregel: Geben Sie sich gegenüber einheimischen Männern generell ein wenig »zugeknöpfter«, als Sie eigentlich sein möchten. So kann es nicht passieren, dass ein Mann Ihre Freundlich-keit und Offenheit falsch versteht. Finden Sie wirklich Ge-fallen an ihm, so können Sie den unterkühlten ersten Ein-druck ja später noch revidieren.

Unterwegs in fernen Ländern

In fremden Ländern lauern eine ganze Menge Fettnäpf-chen. In den meisten Fällen wird man Ihnen nicht groß ankreiden, wenn Sie gegen die eine oder andere Benimmre-gel verstoßen, denn schließlich wissen die Einheimischen, dass Sie als Ausländerin nicht über alle fremden Sitten Bescheid wissen und Verstöße daher nicht absichtlich begehen. Allerdings kann es dann passieren, dass man Sie nicht ernst nimmt und Ihnen keinen Respekt entgegenbringt. Und es gibt ein paar grobe Verstöße, bei denen selbst der geduldigste Einheimische richtig wütend wird oder für die Sie sogar bestraft werden können. In den folgenden Abschnitten erhalten Sie nun Tipps für verschiedene Länder. Ganz egal, ob Sie dort Ihren Urlaub verbringen oder sich auf Geschäftsreise befinden – die wichtigsten Fettnäpfchen finden Sie hier aufgelistet.

Großbritannien

In Großbritannien legt man viel Wert auf Höflichkeit und Freundlichkeit, uns Deutschen eilt dort der Ruf voraus, mürrisch und unfreundlich zu sein. Bestätigen Sie diesen Ruf nicht, sondern sagen Sie lieber einmal zu oft »Sorry« als zu wenig. Stellen Sie sich an, wenn Sie etwas haben möchten – selbst an einer Bushaltestelle bildet man in Großbritannien eine geordnete Schlange und steigt vorne beim Fahrer ein. Nur in der Londoner U-Bahn brauchen Sie sich nicht anzustellen, doch auch hier lassen Sie zuerst die ankommenden Passagiere aussteigen.

In Europa gibt es kein »richtiges« Ausland mehr, meinen Sie? Doch auch hier bestehen zwischen den einzelnen Ländern große Unterschiede.

Ein weiteres Vorurteil, mit dem Deutsche in Großbritannien zu kämpfen haben, ist, dass wir angeblich keinen Sinn für Humor haben. Zugegeben, der berühmte schwarze Humor der Briten ist nicht jedermanns Sache, und oft sagt ein Brite genau das Gegenteil von dem, was er meint – und zwar ohne eine Miene zu verziehen. Wenn Sie tiefer in die britische Kultur eintauchen wollen oder in Großbritannien Geschäfte abschließen möchten, sollten Sie sich also in Ironie und Sarkasmus üben.

Ob privat oder geschäftlich, häufig endet ein Abend in Großbritannien in einem Pub. Hier holen Sie die Getränke an der Bar, am Tisch werden Sie nicht bedient. Außerdem ist es üblich, Runden zu bestellen, das heißt, eine Person kauft eine Runde Getränke für die ganze Mannschaft, dann ist der Nächste an der Reihe. Je größer Ihre Gruppe ist, desto mehr »müssen« Sie also trinken. Legen Sie daher ab und zu einmal eine Wasser- oder Cola-Runde ein. Seit Kurzem gilt in Pubs ein absolutes Rauchverbot, halten Sie sich besser daran. Trinkgeld gibt man im Pub nicht, im Restaurant hingegen gelten 10 bis 15 Prozent der Rechnungssumme als angemessen. Darüber hinaus wartet man im Restaurant, bis man vom Personal einen Platz zugewiesen bekommt. »Please wait to be seated« ist hier die gänige Devise.

England ist nicht gleich Großbritannien. Vor allem Schotten, Waliser und Nordiren mögen es gar nicht, mit dem »alten Feind« England in einen Topf geworfen zu werden.

155

Tabuthemen sind in Großbritannien die Kritik an der Monarchie oder an anderen »typisch« britischen Dingen, wie dem Wetter oder der Küche. Und auch wenn Großbritannien offiziell Teil der Europäischen Union ist, legen die Briten doch Wert auf eine gewisse Distanz zum »Kontinent« – und vom Euro will man schon gleich gar nichts wissen. Ach ja, noch etwas: In Deutschland haben sich in letzter Zeit gewisse englische Schimpfwörter eingebürgert (Sie wissen schon, die Wörtchen »F... » oder »Sh...«). Nun gehören solche Wörter auch bei uns nicht unbedingt zum guten Ton, in Großbritannien aber sind sie noch wesentlich verpönter, sie dürfen zum Beispiel nicht in Zeitungen gedruckt werden und werden im Fernsehen »überpiepst«. Wenn Sie diese Worte öffentlich benutzen, erregen Sie damit also großen Anstoß – seien Sie sich dieser Wirkung bewusst. In den USA und vor allem in Australien sieht man das zwar etwas lockerer, doch sollten Sie sich auch hier in Acht nehmen.

Frankreich

Wer an Frankreich denkt, hat automatisch das Begrüßungsküsschen auf die linke und rechte Wange vor Augen. Doch ist dieses Ritual nur der Familie und guten Freunden vorbehalten. Im Geschäftsleben ist es dagegen nicht angebracht, es sei denn, Ihr Geschäftspartner begrüßt Sie von sich aus auf diese Weise.

Im Gegensatz zum kargen französischen Frühstück kann ein Mittag- oder Abendessen schon einmal drei Stunden dauern, die Sie aber bestimmt nicht bereuen werden. Planen Sie bei einem Geschäftsessen also genügend Zeit ein. Geschäftliches sollte dabei aber nicht vor dem Dessert auf den Tisch kommen. Allgegenwärtig bei jedem französischen Mahl ist das beliebte Weißbrot. Man bricht es stückchenweise ab und benutzt es auch zum Aufnehmen von Soßen. Etwa 10 Prozent des Rechnungsbetrages gelten als angemessenes Trinkgeld. Geschäftsfrauen begegnet man in der »Grande Nation« übrigens mit großem Respekt und sehr zuvorkommend.

Frankreich war eines der ersten europäischen Länder, das ein allgemeines Rauchverbot in öffentlichen Gebäuden eingeführt hat. In Restaurants und Cafés gibt es für Raucher häufig Nebenzimmer oder Raucherzonen.

Italien

In Italien, dem Land der »alta moda«, wird besonders viel Wert auf Kleidung gelegt. Deutsche Urlauber werden dort gerne wegen ihrer Kleidung belächelt. Kleiden Sie sich daher lieber »anständig«, besonders wenn Sie Kirchen besichtigen. Hier lässt man Sie in allzu freizügiger Kleidung oftmals gar nicht erst ein. Im Geschäftsleben sollten Sie viel Wert auf Eleganz und Qualität Ihrer Kleidung legen, denn sie spiegelt Ihren gesellschaftlichen und finanziellen Status wider. Auch bei Imagebroschüren oder Präsentationsmappen sowie eventuellen Geschenken für die Geschäftspartner sollten Sie auf Qualität achten.

Im Restaurant wird bei manchen Speisen, zum Beispiel bei Fisch, der Preis nach Gewicht (pro 100 Gramm) berechnet. Damit Sie hier keine unangenehmen Überraschungen erleben, sollten Sie vorher nachfragen, wie viel die Mahlzeit etwa kosten wird. In einigen Restaurants wird nach wie vor ein geringer Zuschlag für das Gedeck (»coperta«) berechnet. Der bei uns so beliebte Cappuccino wird zwischendurch und nie nachmittags getrunken. Zum Abschluss einer Mahlzeit bestellt man einen Espresso (dessen Mehrzahl übrigens »Espressi« lautet) oder einen Grappa. Das Trinkgeld sollte mindestens 10 Prozent der Rechungssumme betragen. In den Bars, in denen man schnell einmal einen Cappuccino oder Espresso zwischendurch im Stehen trinken kann, zahlt man übrigens zuerst an der Kasse, bekommt dann einen Bon und holt sich sein Getränk an der Theke.

Auch in Italien gilt seit Kurzem ein absolutes Rauchverbot in Restaurants, Cafés und Bars.

Im Geschäftsleben legt man in Italien viel Wert auf Titel. »Dottore« oder »Dotoressa« lautet die korrekte Anrede, und zwar ohne Nachnamen. Ihre Visitenkarte sollte daher alle Ihre Titel enthalten. Außerdem sind Hierarchien im italienischen Geschäftsleben von großer Bedeutung. Achten Sie darauf, mit wem Sie es zu tun haben. In Norditalien findet man übrigens mehr Frauen in Führungspositionen als bei uns, Sie werden also erfreut sein, dass man Sie dort mit viel Respekt behandelt.

Spanien

Typisch für Spanien (und für Lateinamerika) ist die Siesta zwischen 13.30 und 15.30 Uhr, während der das öffentliche Leben ruht. Respektieren Sie diese Zeiten, und legen Sie auch keine Geschäftstermine in diese »heiligen Stunden«. Dafür zieht sich dann alles länger in den Abend hinein. Städte wie Madrid oder Barcelona erwachen erst nach 22 Uhr richtig zum Leben: Sie können also ruhig erst um diese Zeit zum Abendessen aufbrechen. Im Restaurant gelten etwa 15 Prozent des Rechnungsbetrages als angemessenes Trinkgeld.

USA

In den USA ist es üblich, sich mit dem Vornamen anzureden, doch bedeutet das nicht automatisch, dass man nun sofort befreundet ist, im Gegenteil: Die Offenheit und Zugänglichkeit der meisten Amerikaner führt häufig zu Missverständnissen. Smalltalk wird hier zwar sehr gepflegt, doch ist er eben auch sehr unverbindlich. So kann es Ihnen passieren, dass Sie das Paar, das Sie im Urlaub kennenlernen, vermeintlich zu sich nach Hause einlädt. Ist mit einer solchen Einladung jedoch keine konkrete Verabredung verbunden, gilt sie nicht als verbindlich.

In amerikanischen Restaurants gilt die Devise »Please wait to be seated« – Sie suchen sich also nicht selbst einen Platz, sondern warten, bis Sie vom Personal an einen Tisch geführt werden. Ungewohnt für uns sind die amerikanischen Tischsitten. Das Messer wird hier lediglich zum Schneiden benutzt, danach legt man es zurück an den Tellerrand, nimmt die Gabel in die rechte Hand und führt das Essen damit zum Mund. Die »untätige« Hand ruht währenddessen im Schoß. In den USA sind Kellner in weit stärkerem Maße vom Trinkgeld abhängig als bei uns. Kein Trinkgeld zu geben gilt hier als Affront. Seien Sie also großzügig, und geben Sie etwa 15 bis 20 Prozent der Rechnungssumme. Lassen Sie das Geld beim Verlassen des Restaurants auf dem Tisch liegen. Wie in vielen Ländern ist in den USA das Rauchen in allen öffentlichen Gebäuden, also auch in Bars und Restaurants, untersagt und wird teilweise mit hohen Geldstrafen geahndet.

Für uns Frauen noch eine gute Nachricht: Lädt uns ein amerikanischer Mann zum Essen ein, so lädt er uns auch wirklich ein – sprich: er zahlt. Überhaupt sind die amerikanischen Dating-Regeln eine Wissenschaft für sich. Es gibt ungeschriebene Gesetze, wie weit man beim wievielten Date gehen darf, wie viele Tage nach dem ersten Date sich ein Mann spätestens zu melden hat und so weiter und so fort. Sollte bei Ihnen in dieser Hinsicht Nachholbedarf bestehen, können Sie sich mit einer Staffel »Sex and the City« ganz schnell auf den neuesten Stand bringen. Im Übrigen sind amerikanische Männer meist höflicher gegenüber Frauen als deutsche (Ausnahmen bestätigen in beiden Ländern die Regel). So gilt als ungeschriebenes Gesetz, dass ein Mann seiner Beifahrerin stets die Autotür von außen öffnen und – wenn sie eingestiegen ist – schließen muss. Aber vielleicht möchten Sie sich ja lieber selbst ans Steuer setzen?

Viele amerikanische Sitten sind uns aus Kinofilmen und TV-Serien vertraut. Trotzdem ist vieles ungewohnt – bereiten Sie sich also auch auf eine USA-Reise gründlich vor.

So locker und leger sich die Amerikaner im Privatleben geben mögen, im Geschäftsleben ist »Business« angesagt. Gutes Benehmen und höfliche Umgangsformen sind hier besonders wichtig. Großer Wert wird auf korrekte Kleidung und gepflegtes Äußeres gelegt. Tragen Sie stets Strümpfe zum Rock, und rasieren Sie unbedingt Ihre Beine. Wer geschwitzt hat, sollte sich duschen und umziehen. Achten Sie auch auf den persönlichen Abstand, die sogenannte comfort zone, die etwa eine Armlänge beträgt. Kommen Sie einem Menschen näher, egal, ob dies absichtlich oder unabsichtlich geschieht, so entschuldigen Sie sich. In den USA gilt im besonderem Maße: Time is money. Geschäftliche Besprechungen finden daher häufig beim Essen statt, unter Umständen sogar schon beim Frühstück.

Geld ist in den USA im Gegensatz zu Deutschland kein Tabuthema. Hier werden Sie durchaus gefragt, wie viel Sie verdienen. Reagieren Sie dann nicht brüskiert, sondern antworten Sie (es muss ja nicht ganz der Wahrheit entsprechen). In Amerika gilt nämlich die Folgerung: »Sie hat ein hohes Einkommen? Dann muss sie gut in ihrem Job sein.«, während in Europa bei dieser Frage oft Neid mit im Spiel ist.

Islamische Länder

In islamischen Ländern gibt es den Fastenmonat Ramadan. Gläubige Moslems dürfen dann zwischen Sonnenaufgang und Sonnenuntergang nicht essen, trinken oder rauchen. Als Urlauberin betrifft Sie dies zwar nicht – im Hotel werden Sie trotzdem verköstigt –, doch müssen Sie bei Ausflügen damit rechnen, dass manche Restaurants geschlossen sind. In vielen Restaurants gibt es zudem getrennte Bereiche für Männer und Frauen, häufig auch noch eine gemischte Zone. Ist dies nicht der Fall, sollten Sie sich als Ausländerin trotzdem an diese Regelung halten. Geben Sie im Restaurant etwa 10 Prozent des Rechungsbetrags als Trinkgeld.

Die linke Hand gilt in islamischen Ländern als unrein, fassen Sie damit keine Speisen an, und reichen Sie niemandem die Linke zur Begrüßung.

Einem anderen Menschen die Fußsohlen entgegenzustrecken gilt als Beleidigung. Achten Sie darauf, wenn Sie die Beine übereinanderschlagen oder auf dem Boden sitzen. Und auch mit dem Zeigefinger auf jemanden zu zeigen ist unhöflich. Benutzen Sie hier lieber die ganze Hand.

Als Frauen haben wir in islamischen Ländern vor allem damit zu kämpfen, dass wir dort nicht denselben Status und dieselben Freiheiten genießen wie die Männer. So sollten Sie zum Beispiel in der Öffentlichkeit keinen Mann kritisieren, nicht einmal den eigenen (unter vier Augen ist das etwas anderes, also warten Sie, bis Sie wieder im Hotelzimmer sind). Auch sollten Sie als Frau keinem arabischen Mann die Hand zum Gruß reichen. Großen Wert sollten Sie auf Ihre Kleidung legen. Tragen Sie keine bauchfreien Tops, tiefen Dekolletees, Miniröcke, Leggings (die Sie ohnehin nirgends tragen sollten) oder Tangas, und binden Sie lange Haare zusammen oder stecken Sie sie hoch. Vermeiden Sie zudem direkten Blickkontakt zu Männern, denn dies kann leicht missverstanden werden.

Beim Besuch einer Moschee sollten Sie als Frau Ihre Haare bedecken. Außerdem müssen Sie am Eingang Ihre Schuhe ausziehen.

In türkischen oder arabischen Cafés sitzen übrigens ausschließlich Männer. Nur eine bestimmte Sorte Frau verkehrt dort – und dazu gehören Sie ja nicht. Oben-ohne- oder Nacktbaden ist an öffentlichen Stränden in der Türkei untersagt und wird teilweise mit erheblichen Geldbußen belegt. An Stränden, die zu einer Hotelanlage gehören, kann man gelegentlich einen entblößten Busen erspähen, aber provozieren Sie nicht. Etwas toleranter in diesen Dingen ist man übrigens in Tunesien, wo Männer und Frauen per Gesetz gleichgestellt sind. Nehmen Sie trotzdem Rücksicht auf die Mentalität der Tunesier. In allen islamischen

Ländern sollten Sie auf den Austausch von Zärtlichkeiten in der Öffentlichkeit verzichten.

Asien

Pauschale Aussagen über Asien zu treffen ist aufgrund der Vielfalt der Völker, Religionen und Kulturen unmöglich. In den folgenden Abschnitten finden Sie daher lediglich einige Aussagen, die auf die meisten Länder zutreffen. So haben Visitenkarten zum Beispiel in vielen asiatischen Ländern einen besonders hohen Stellenwert, auch als Touristin sollten Sie immer welche in der Tasche haben. Der Austausch der Karten ist ein richtiges Ritual. Überreichen Sie die Karte immer mit beiden Händen und nehmen Sie auch die Visitenkarte Ihres Gegenübers so entgegen. Keinesfalls sollten Sie sie einfach einstecken, sondern sie gründlich studieren oder bei einem Gespräch vor sich auf den Tisch legen.

In allen asiatischen Ländern ist der Austausch von Zärtlichkeiten in der Öffentlichkeit verpönt. Selbst wenn Sie als Paar Händchen halten, wirkt das auf die Einheimischen befremdlich. Küssen gilt schon fast als Pornografie. Beschränken Sie also Ihre Zuneigungsbekundungen lieber auf das Hotelzimmer.

Tempel und andere Gotteshäuser dürfen Sie nur »ordentlich« bekleidet betreten, das bedeutet: Shorts, ärmellose Tops oder Miniröcke sind verboten. Da nützt es auch nichts, wenn Sie sich aufregen. Vielerorts können Sie sich gegen eine geringe Gebühr einen Wickelrock oder ein Tuch leihen.

In der asiatischen Denkweise steht die Gemeinschaft im Mittelpunkt, das Individuum ist nicht so wichtig. Diese Vorstellung wirkt auf Europäer oft befremdlich.

Ein besonders wichtiger Aspekt ist in vielen asiatischen Ländern die Furcht, sein »Gesicht zu verlieren«. Und ihr Gesicht verlieren Asiaten unter anderem dann, wenn sie etwas nicht wissen oder können. Deshalb hört man das Wörtchen »Nein« nur sehr selten, und ein »Ja« muss dementsprechend nicht immer eine Zusage bedeuten. Lernen Sie, auf die Zwischentöne zu hören. Kommt ein »Ja« nur sehr zögerlich, so handelt es sich dabei meist um ein verstecktes »Nein«. Auch sehr vage Antworten wie »Vielleicht« oder »Wir werden sehen« zeigen an, dass Ihr Gesprächspartner Ihnen eher ablehnend gegenübersteht. Sein Gesicht verliert ein Mensch übrigens auch bei Gefühlsausbrüchen wie Wut oder Tränen. Deshalb werden Sie in vielen asiatischen Ländern nur selten einen schimpfenden Menschen sehen. Umgekehrt bedeutet das jedoch auch, dass Sie in den Augen der Asiaten Ihr Gesicht verlieren, wenn Sie sich über etwas beschweren und Ihrem Ärger lautstark Luft machen.

Als Touristen fällt uns in vielen asiatischen Ländern auf, dass die Menschen immer lächeln. Doch dieses Lächeln kann eine ganze Menge Nuancen haben und bedeutet nicht immer, dass sich ein Mensch tatsächlich freut. So kann ein Lächeln auch Scham, Ärger oder sogar Trauer bedeuten – dies richtig zu interpretieren ist uns als Urlaubern unmöglich.

In Japan und China wird traditionell mit Stäbchen gegessen, in Thailand dagegen mit Gabel (links) und Löffel (rechts). Die Gabel dient lediglich dazu, die Speisen auf den Löffel zu schieben, der dann zum Mund geführt wird. Wenn Sie mit Stäbchen essen, dürfen Sie Reis- und Suppenschüssel zum Mund führen, damit nichts hinunterfällt. Niemand muss jedoch mit Stäbchen essen, in den meisten Restaurants wird man Ihnen gerne ein westliches Besteck bringen, wenn Sie darum bitten. Trinkgeld ist in japanischen Restaurants eher unüblich, in Thailand geben Sie etwa 10 bis 15 Prozent des Rechnungsbetrages.

Kommen Sie in den Genuss, in China zum Essen eingeladen zu werden oder an einem Geschäftsessen teilzunehmen, so dürfen Sie kräftig zulangen. Ein Menü kann hier bis zu 20 Gänge haben, es kommt also einiges auf Sie zu. Befremdlich sind für uns die chinesischen Tischsitten: Es darf nämlich geschlürft, geschmatzt und sogar gerülpst werden, denn damit drückt man seine Wertschätzung für das Essen aus. Dass Ihnen Ihr Nachbar ein besonders leckeres Häppchen vom Teller klaut, auch damit müssen Sie rechnen.

Der Handschlag zur Begrüßung ist in Asien nicht üblich, in den meisten Ländern verbeugt man sich stattdessen. Grüßt Sie ein Asiat mit Handschlag, so macht er dies, um Ihnen entgegenzukommen – es kann aber sein, dass der Händedruck ungewohnt lasch oder aber zu enthusiastisch ausfällt. Nehmen Sie dies nicht persönlich, vielen Asiaten fehlt es schlicht und einfach an Übung. In Japan ist die traditionelle Art der Begrüßung die Verbeugung. Hier gibt es unzählige Nuancen, wer sich vor wem wie tief verneigt. Grundsätzlich gilt: Jüngere und Rangniedrigere verbeugen sich besonders tief. Sind Sie unsicher, welchen Rang Ihr Gegenüber bekleidet, so verbeugen Sie sich lieber zu tief als zu wenig. Übrigens: Japanische Wohnungen betritt man nicht mit Schuhen, häufig stehen hier »Gästepantoffeln« für Sie bereit. Diese müssen Sie allerdings wieder ausziehen, bevor Sie eine Tatami-Matte betreten.

In Japan zeigt man sich tolerant gegenüber »Langnasen«, da wir das komplizierte japanische Gesellschaftssystem nur schwer durchschauen können.

Obwohl Japan eigentlich modern ist, sind Frauen dort immer noch nicht gleichberechtigt. Es kann daher passieren, dass Sie von männlichen Japanern permanent ignoriert werden. Machen Sie dann ebenso beharrlich auf sich aufmerksam, bis man Ihren Wünschen nachkommt, doch werden Sie nicht aufbrausend oder unverschämt, denn so verlieren Sie Ihr Gesicht. Im Gegensatz zur westlichen Welt haben Frauen hier auch keinen Vortritt, wundern Sie sich also nicht über das Verhalten der Männer. Als Geschäftsfrau sollten Sie sich beim ersten Kontakt von einem männlichen Kollegen vorstellen lassen – der gleichzeitig auch Ihre Befugnisse klarmachen sollte, damit man Sie nicht für seine Assistentin hält.

Bei geschäftlichen Verhandlungen in Japan wie in China sollten Sie stets einen Dolmetscher hinzuziehen. Ihre Sprachkenntnisse mögen zwar hervorragend sein, doch hängt bei diesen Sprachen so viel von der Intonation ab, dass man sich ganz leicht im Ton vergreifen kann.

Thailand ist zwar ein beliebtes Urlaubsland, doch sollten Sie nicht vergessen, dass wir es hier mit einer ganz anderen Kultur zu tun haben. Da die Thai überwiegend Buddhisten sind, zeigen sie sich gegenüber unsensiblen Urlaubern außergewöhnlich tolerant. Kommen Sie Ihren Gastgebern trotzdem entgegen, und beachten Sie ein paar einfache Regeln, zum Beispiel indem Sie sich angemessen kleiden. Miniröcke, ärmellose Tops oder kurze Hosen sollten Sie nach Möglichkeit vermeiden. Auch Oben-ohne- oder gar Nacktbaden sind tabu. Die orange gewandeten Mönche, die Sie in den buddhistischen Tempeln oder auch auf der Straße sehen, dürfen Sie als Frau nicht ansprechen. Bringen Sie einen Mönch auch nicht in Verlegenheit, indem Sie sich in einem Bus neben ihn setzen. Meist sind für die Mönche ohnehin spezielle Plätze reserviert, die Sie nicht benutzen dürfen.

Australien

Wie in den USA spricht man sich auch in Australien schnell mit dem Vornamen an. Titel sind ebenfalls nicht von großer Bedeutung, ganz im Gegenteil: Australier legen großen Wert darauf, dass sie sich vom strengen Klassensystem ihrer britischen Vorfahren gelöst haben. Wer auf Titel oder Hierarchien pocht, schafft sich oft sofort Feinde.

Die Australier haben eine Abneigung gegenüber Hierarchien. Pochen Sie dort also nie auf Ihren Status – egal, ob beruflich oder privat.

So leger die Australier im Alltagsleben gekleidet sind, im Geschäftsleben wird auch hier großer Wert auf korrekte Kleidung gelegt. In Restaurants gilt die Regel »No shoes, no shirts, no service«. Nicht jedes Restaurant in Australien hat übrigens eine Lizenz zum Alkoholausschank. In diesen Fällen finden Sie den Vermerk »BYO« für »Bring your own«. Im Klartext bedeutet dies, dass Sie Ihre eigenen alkoholischen Getränke mitbringen und zum Essen trinken dürfen. Manchmal wird jedoch eine geringe Entkorkungsgebühr erhoben. Trinkgeld ist in Australien an sich nicht üblich, in gehobeneren Restaurants hat sich jedoch ein Trinkgeld von etwa 10 Prozent des Rechnungsbetrages etabliert.

Testen Sie sich selbst

Wenn Sie das vorangegangene Kapitel aufmerksam gelesen haben, fällt es Ihnen bestimmt nicht schwer, die folgenden Fragen mit Ja oder Nein zu beantworten

❶ Der Platz neben Ihnen im Zug ist frei. Legen Sie Ihre Jacke oder Ihre Tasche darauf?

❷ Sie bezahlen für ein Hotelzimmer. Dürfen Sie dann auch erwarten, dass das Personal Deutsch spricht?

❸ Dürfen Sie den Aschenbecher aus Ihrem Hotelzimmer mitnehmen?

❹ Wenn Frauen in Landestracht herumlaufen, bedeutet das, dass sie fotografiert werden wollen?

❺ Sie sind mit Ihrem englischen Geschäftspartner im Pub. Zahlt jeder seine eigenen Getränke?

❻ Begrüßen Sie Ihre französische Geschäftspartnerin mit Wangenküsschen?

❼ Trinken Sie in Italien vormittags einen Cappuccino?

❽ Legen Sie sich in den USA oben ohne an den Strand?

❾ Geht es im amerikanischen Geschäftsleben genauso locker zu wie im Alltag?

❿ Bitten Sie den Mönch, den Sie in Thailand in einem buddhistischen Tempel sehen, um ein Foto?

Lösung: Bei allen Fragen lautet die Antwort »Nein«, nur bei Frage Nr. 7 sollten Sie mit »Ja« antworten.

Register

Abdeckstift 26
Abendkleid,
    Abendrobe 133
Absage 112
Accessoires 24
Achtung 29
Adelsprädikate 87
Adressfeld 88
Afrika 151
Aktentasche 52
Alkohol 32, 44, 46,
    124, 146
Ämter 97
Amtsträger 87
Anlagen 15, 102,
    104
Anrede 86 ff., 102 f.
Anrufbeantworter
    13, 98
Anzug 133
Applaus 76
Arbeitsabläufe 32
Arbeitsklima 41
Arbeitsplatz 37, 41 f.
Arbeitszeugnisse
    14
Ärger 30
Artischocken 127
Asien 151, 164 ff.

Aufzug *siehe* Fahr-
    stuhl
Auslandsreise 140
Austern 127
Australien 168
Autorität 34, 46
Avocados 127

Babypause 15
Beerdigung 83
Begrüßung 19, 34 ff.,
    86 ff.
Begrüßungskuss 90
Behindertensitze 79
Behörden 97
Bekanntmachen 92
Bekleidungsvermerk
    132
Bekleidungswün-
    sche 132
Benehmen 12, 15
Benimm-Sünden 9
Berufsanfängerin 17
Berufsleben 11 ff.
Besprechung 35
Besprechungs-
    zimmer 49
Besteck 110
Besuch 107

Besucher 50 ff.
Betreffzeile 103
Betriebsausflüge,
    -feste 10, 44
Betriebsklima 30,
    46
Bewerbung 11 ff.
Bewerbungsfoto 14
Bewerbungsmappe,
    -unterlagen 11 ff.
Bezahlungsmodali-
    täten 55
Beziehung(en) 42 f.
Bischöfe 87
Black tie 133
Blickkontakt 20
Blumen, Blumen-
    gebinde 82, 114
Bordpersonal 146
Briefe 86, 101
Brot, Brötchen 127
Business-Outfit 14,
    17, 23 f., 47

Canapés 128
Charakter 9
Charme 58
Chef(in) 33 ff., 43 ff.
China 166

Cliquen 125
Corporate Design 56
Danksagungen
    115 f.
Date 65
Dekolleté 25
DIN-Regeln 103
Dominikanische
    Republik 152
Dresscodes *siehe*
    Kleiderordnung
Duftnote 25, 27
Duzen 10, 32 ff., 92

Ehrenplatz 125
Einfühlungs-
    vermögen 84
Einheimische 150 ff.
Einladung(en) 10,
    107 ff.
Einstand 32
Elternzeit 57
E-Mail(s) 14, 86,
    102 ff., 109
    – erotische 42
E-Mail-Adresse 13
Emoticons 102
Engagement 29
England 155
Erfahrung 12, 15
Erfolg 9
Erfrischung 53
Erscheinungsbild 11
Erziehung 69
Essenszeiten 97
Esskultur 107, 122 f.
Etikette 9
Experimente 122
Extravaganz,
    modische 25

Fahrstuhl 35, 49, 51
Fairness 30
Fallstricke 10, 12
Familie 67 ff.
Farbberatung 26
Farben 23
Faxe 86, 101
Fehler 45, 58
Fettnäpfchen 10, 61,
    90, 153
Firmenbesichtigung
    53 f.
Fisch 128
Flirt 64 f.
Floskeln 84
Flugzeug 143
Foto(s),
    fotografieren 13,
    41 f., 152 f.
Frack 133
Frankreich 156
Frauenbild 141
Freizeit 40
Freundlichkeit 148
Frisur 20

Garderobe 52, 120
Garnelen 128
Gast 36, 50 ff.
Gästeliste 108
Gastgeberin 107
Gastgeschenke 113 f.
Gebräuche 150
Geburt 80
Geflügel 128
Gefühle 59
Gefühlsausbrüche
    165
Geistliche 87
Gelassenheit 58

Geld 43
Geräuschpegel 147
Gerüchte 41 f.
Geschäfte 74
Geschäftsbriefe
    103
Geschäftsessen
    54 f.
Geschäftspartner 34,
    50, 96
Geschäftsreise 138
Gesprächsthemen
    122
Getränk 19, 110
Gewerkschafts-
    zugehörigkeit 20
Gläser 110 f.
Glaubens-
    zugehörigkeit 20
Gleichberechtigung
    57 ff.
Gleichrangigkeit 36
Glückwunsch-
    karte 115
Gotteshäuser 153,
    164
Grammatik 15, 104
Gratulationen 115
Grenzen 9
Großbritannien
    154 ff.
Großeinkauf 75
Großraumbüro 49
Grundausstattung
    22
Gruppe 36
Grüßen 34 f., 88
Grußformel 35

Haarfarbe 23

Haltung 123
Hamann, Evelyn 116
Hände 26
Händedruck 36, 50,
 54, 89, 91
Handkuss 89
Handtasche 52
Handy 20, 39, 62 f.,
 77, 99 f.
Handynummer 13
Haustiere 72
Hauttyp 23
Hierarchie(n) 32,
 34, 55
Hierarchiegefälle 33
Höflichkeit 30, 35,
 61 ff., 150
Höflichkeitsfloskeln
 141
Hose, Hosenanzug
 22, 28
Hosentyp 28
Hotel 148 f.
Hotelpersonal 149
Hummer 129
Humor 59, 84
Hund 71
Hürden 12

Ideen 31
Imagebroschüre 54
Imbiss 53
Indien 151
Individualität 25
Interesse 18, 29
Islamische Länder
 162 f.
Italien 157

Japan 166 f.

Kardinäle 87
Karriere 58
Kartoffeln 129
Kaviar 129
Kenia 152
Kinder 57, 69, 114,
 125, 145
Kinderstube 9, 122
Kino, Kinobesuch
 65, 75, 77
Klatsch 41 f.
Kleiderordnung
 21 f., 132 f.
Kleidung 10, 17, 20,
 151
 – auf Flügen 145
Klingelton 101
Klischeevorstellun-
 gen 142
Knicks 89
Kollegen 10, 28 ff.,
 96
Kombinations-
 möglichkeiten 23
Kommunikation 10
Kompetenz 58
 – fachliche 18
 – soziale 11
Kondolenzbrief 82
Konferenzen 49
Konfliktfall 73
Konfrontation 52
Kongress 57
Konventionen 102
Konzert 76
Körperbehaarung
 27
Körpergerüche 78
Körperhaltung 27 f.
Körpersprache 28

Krankenbesuch
 79 ff.
Kranz 82
Kritik 46
Kunde(n) 34, 50, 74
Kündigung 100
Kurzhaarschnitt 25
Küsse 67

Lächeln 95
Langstreckenflüge
 144
Langusten 128
Lärm 70 f.
Lästereien 41
Launen 31
Lebenslauf 14
Leichenschmaus 83
Liebe 42
Liebeskummer 43,
 67
Lipgloss 26
Lippenstift 26
Loben 46
Loriot 116

Macht 33, 43
Machtposition 44
Mailbox 13
Maiskolben 129
Make-up 20, 25 f.
Manieren 11, 29
Männerberuf 22
Meetings 49
Messe 57
Miesmuscheln 129
Missgeschick 117
Mittagspause 31
Mobiltelefon *siehe*
 Handy

Motivation 30
Muhammad Ali 28
Musik 71f., 79

Nachbarn 69ff.
Nachbarschafts-
  streitigkeiten 71
Nachwürzen 122
Nagellack 26
Namen 50
Netzstrümpfe 25

Oberteile 24
Öffentlichkeit 73ff.
Oper 76

Papst 87
Parfum 27
Parkplatzsuche
  112
Party 72
Peinlichkeiten
  116f.
Piercings 26
Platzteller 110
Privatanschrift 56
Privatgespräche
  37ff., 62
Privatsphäre 30, 40
Produktivität 30
Protokoll 89
Publikumsverkehr
  49
Puder 26
Pünktlichkeit 16f.,
  61ff., 75, 112

Qualifikationen 12,
  15
Qualität 23

Rang, Rangfolge
  36f.
Rauchen 19, 48f.,
  111, 134f.
Rauchverbot 49, 145
Rechnung 121
Rechtschreibung 12,
  14, 104
Reisen 10
Reklamieren 118f.
Renovierungsarbei-
  ten 71
Reservieren 120
Respekt 29f., 62,
  150
Restaurant 119ff.
Rock, Rocklänge
  24f., 28
Rouge 26
Rücksicht, Rück-
  sichtnahme 31,
  78, 84, 152
Rundgang
  siehe Firmen-
  besichtigung

Sachlichkeit 58
Salat 130
Schleimerin 29
Schlussformel 104
Schmuck 24f.
Schnecken 130
Schrimps 128
Schuhe 17, 24
Schwiegermutter 68
Schwindelei 18
Sekretärin 96f.
Selbstbewusstsein
  59
Selbstständigkeit 65

Seminar(e) 35, 49,
  57
Seriosität 20f.
Serviette 123
Siezen 10, 32ff., 92
Sitten 150
Sitzgrenzen 143
Sitzhaltung 47
Sitzordnung 113,
  124f.
  – protokollarische
  125
Smalltalk 80, 93ff.
  – Themen 95
Smileys 102
Smoking 133
SMS 100
Softskills 11
Sonderwünsche 121
Sonnenstudio 26
Souveränität 45
Spaghetti 130
Spanien 159
Spargel 130
Speisen, schwierige
  126ff.
Sprachkennt-
  nisse 140
Sprüche 59
Sri Lanka 152
Statistisches
  Bundesamt 22
Status 42
Statussymbole 25
Stereotypen 142
Stilberatung 26
Stilbrüche 24
Stilsicherheit 12,
  107
Stimmlage 95

Störung 96
Straßenanzug 133
Straßenverkehr 78
Strategie 29
Streitigkeiten 43
Supermarkt 74
Suppen 130
Sushi 131

Taktgefühl 10, 81 ff.
Tattoos 26
Taxi 147
Teamgeist 30
Teamwork 43
Telefongespräche
38, 86, 95 ff.
– erotische 42
Telefonnummer 13
Tempel 164
Termine 63
Thailand 152
Theater 75 f.
Tisch, gedeckter 110
Tischgespräch 133 f.
Tischherr 125
Tischmanieren 107,
121 ff., 126
Tischordnung 124
Titel 86 ff.
Tod 81
Todsünden,
modische 25

Touristen 138
Tratsch 41 f.
Trauerfall 81 ff.
Trauerfeier 82
Trauerkarte 82
Trennung 43
Treppe 51
Trinkgeld 135 f., 149

Übergriff 52
Überstunden 46
Umgangsformen
9, 11
Unhöflichkeit 45
Unstimmigkeiten 46
Unternehmungen
40 f.
Urlaub 138
USA 151, 159 ff.
Verabredung(en)
63 ff.
Verabschiedung 54
Verantwortung 46
Verbesserungs-
vorschläge 31
Verhaltenstipps 19
Verkaufspersonal 74
Verkehrsmittel, öf-
fentliche 78 f., 146
Verlässlichkeit 21
Vermögens-
verhältnisse 20

Verspätung 17,
62 ff.
Verwandte 67 ff.
Verwirrung 9
Visitenkarte(n) 55 ff.
Vorbild 45
Vorgesetzte(r) 10,
28 ff.
Vorstellen 36, 92
Vorstellungsge-
spräch 11 ff.
Vortritt 51

Wartezimmer 77 f.
Weihnachtsfeier(n)
44, 46
White tie 133
Wiedergutmachung
118
Wimperntusche 26
Witze 59

Zärtlichkeiten 43,
67, 164
Zeichensetzung 15
Zeitpuffer 63
Zeitverschiebung 97
Zeugniskopien 12
Zimmerpflanzen
114
Zubettgehzeiten 97
Zugabteil 35

Frauen an die Macht

Cornelia Topf
**Klug getratscht
ist halb befördert**
Intelligent kommunizieren
in Beruf und Privatleben

16796

Vera Sandberg **Brigitte**
**So finde
ich meinen Stil**
Gut aussehen – privat und im Beruf

16866

Brigitte Nagiller
**Klasse
mit Knigge!**
Stilsicher in allen
Lebenslagen

16845

Silke Foth
**Knacken Sie
den Erfolgscode
der Männer**
So kommen Frauen weiter

16790

Mosaik bei GOLDMANN